Zu Tisch bei Weltmeistern

FLORIAN MADL

WAS UNSEREN SPORTLERN SCHMECKT

FOTOS: THOMAS BÖHM

pichler verlag

INHALT

Die Mengenangaben in den Rezepten beziehen sich – außer wenn anders angegeben – auf 4 Portionen.

00

AM ANFANG WAR DER HERD

Kochen. Vielen, die nicht dazu angehalten wurden, die nicht die Abnabelung von zuhause oder ein besonderer Lebensumstand dazu zwang, bleibt der Sinn von Rezepten so verborgen und geheimnisvoll wie eine Ansammlung sumerischer Keilschriftzeichen. Sei es nun aus Selbstschutz, Faulheit oder aus Rücksicht auf Mitmenschen – sobald der Vorgang der Nahrungszubereitung die Stufe rudimentärer Anforderungen (Butterbrot) übersteigt, lassen manche den Kochlöffel fallen. Leisten können sich das von Berufs wegen nicht alle. Köche etwa. Oder eben Sportler. Sofern sie ihre Karriere mit großen Zielen vor Augen angehen, beschäftigen sich Vertreter diese Spezies zwangsläufig damit. Die eingeschränkte Lebenswelt, der Mikrokosmos Spitzensport, verlangt neben Training und Schlaf die Zuführung der nötigen Energie. Kaum ein Interview also, so es über das Erkunden einer kurzfristigen Begebenheit hinausgeht, das dieses Thema zu umkurven vermag. Kaum ein Spitzensportler, der nicht schon einmal von einem konfliktreichen Verhältnis zu seiner Verdauung berichten konnte.

So schien es durchaus nicht ungewöhnlich, angesichts der zahlreichen Kochbücher, die Jahr für Jahr erscheinen, auch diese Nische zu belegen: zu Tisch bei Weltmeistern, obwohl – zugegeben – nicht alle Sportler in diesem Buch Weltmeister sind. Aber Olympiasieger oder Europameister sind sie allemal. Und wer es nicht ist (Fußball-Teamkapitän Christian Fuchs), genießt so viel Aufmerksamkeit wie ein solcher. Sein Uhudler-Brat'l aus dem Burgenland verdient sich diese genauso.

Keine Frage – all das auf den folgenden Seiten Dargebotene findet sich nach kurzer Recherche in anderen einschlägigen Rezeptsammlungen wieder. Aber den Ehrgeiz, besonders ausgefallene Rezepte der Leserschaft näherbringen zu müssen, hat dieses Buch nicht. Doch wussten Sie, dass sich Triathlon-Olympiasiegerin Kate Allen einst mit einer Take-away-Pizza für vergangene Trainingsmühen belohnt hat? Oder dass Biathlon-Weltmeister Dominik Landertinger nicht auf Kaffee verzichtet, während Marathon-Rekordler Günther Weidlinger das Genussmittel als „Eisenräuber" erachtet und also um den Verlust des Sauerstofftransportmittels im Blut bangt? Oder dass Gregor Schlierenzauer als Leuchtturm ungezwungener Nahrungsaufnahme aus der Riege der Ski springenden Leichtgewichte hervorsticht?

Diesem Buch entspringt vornehmlich eine Erkenntnis: dass der Weg zum Erfolg kein mit Nahrungsmittelgeheimnissen und wissenschaftlichen Präparaten asphaltierter sein muss, sondern durchaus ein mit Natürlichkeit und Einfachheit gepflasterter sein darf. Für uns, deren sportliche Leistungsfähigkeit gerade die Bewältigung eines Marathonlaufs für menschenmöglich hält, ergibt sich daraus vor allem eine erhellende Feststellung: An vernünftiger Ernährung allein liegt es nicht, wenn uns für das Erreichen unserer Ziele die nötige Energie fehlt. Und das zählt gleichermaßen für die weiblichen wie für die männlichen Sportler unter uns. Damit sind wir beim Thema *Gendering* gelandet und weisen darauf hin, dass wir bei der Textgestaltung wegen der besseren Lesbarkeit auf die sprachliche Gleichstellung im emanzipatorischen Sinn verzichtet haben. Gemeint sind aber freilich immer beide Geschlechter.

Florian Madl *Innsbruck im Herbst 2011*

01

BENJAMIN RAICH

Nur nicht zu groß auftischen

Benjamin Raich schätzt die Einfachheit der Tiroler Küche. Gerstlsuppe und Buchteln begleiten den bescheidenen Weltmeister und Olympiasieger seit seiner Kindheit.

UNIQA
Kronen Zeitung

01

„Beim Frühstück ist es mir wichtig, genug Zeit zu haben."

BENJAMIN RAICH

Geboren am 28. Februar 1978 in Innsbruck

Wohnort: Arzl im Pitztal

Größe/Gewicht: 1,81 m/83 kg

Familienstand: Freundin Marlies Schild

Hobbys: Klettern, Lesen, Trial

Größte Erfolge: Olympia: 4 Medaillen (2 Gold – RTL, SL 2006/2 Bronze – SL, Kombination 2002); WM: 10 Medaillen (3 Gold – Slalom und Kombination 2005, Teambewerb 2007/08, Silber – Slalom 2001, RTL und Teambewerb 2005, Teambewerb 2011, Superkombi 2007, RTL 2009, Bronze – Super-G 2005); Weltcup: Gesamtsieger 2005/06; Slalom-Gesamtsieger 2000/01, 2004/05, 2006/07; RTL-Gesamtsieger 2004/05, 2005/06; Kombinations-Gesamtsieger 2009/10); 35 Siege (14 Slaloms, 14 RTL, 6 Super-Kombis, 1 Kombination); Europacup: Gesamt-Sieger 1997/98; Junioren-WM: Gold Riesentorlauf, Slalom und Kombination 1998, Gold Riesentorlauf 1997, Gold Slalom 1996

www.raich.at

Am 16. Februar 2011 sollte nicht nur das Knie, sondern auch die Welt des Benjamin Raich aus den Angeln gehoben werden. Kurzfristig fiel jener Sportler, den die Öffentlichkeit als skandalfrei und vorbildhaft kennengelernt hatte, in ein Loch. Zunächst in jenes, das ihm bei einem Parallelslalom während der Ski-Weltmeisterschaft in Garmisch einen Kreuzbandriss im linken Knie bescherte. Dann in jenes, das für gewöhnlich nach Einschnitten dieser Art folgt: „Du gibst dein Leben lang Vollgas und auf einmal stehst du auf der Bremse", sinnierte der Pitztaler. Seit 1996 war Benjamin Raich von allem verschont geblieben, was seine Karriere gehemmt hätte. Der Blitz aus Pitz wurde Weltmeister, Olympiasieger, Gesamtweltcupsieger. Sein Rücken bereitete ihm mitunter Probleme; aber das Zwicken, Verschleißerscheinung eines aufwändig geführten Sportlerlebens, ließ sich regelmäßig in den Griff bekommen. Und dann dieses Missgeschick mit dem Knie im Teambewerb von Garmisch, bei dem er noch einmal sein Bestes geben wollte.

Doch Benni Raich tat bereits am Abend jenes verhängnisvollen 16. Februars das, wofür ihn sein Umfeld schätzt. Er blieb ruhig. Und überlegte, wie es denn um seine Laufbahn im 33. Lebensjahr bestellt sei. Gewonnen hätte er alles, aber ans Aufhören hatte er bis dato keinen Gedanken

UNIQA
A1

verschwendet. Und wären da nicht bohrende Journalistenfragen, es wäre wohl auch so geblieben. Er beschloss dennoch, auf die Piste zurückzukehren, ohne jemals eine andere Option in Erwägung gezogen zu haben. „Möglicherweise sogar stärker als je zuvor." Worte, die dem dreifachen Weltmeister und Doppel-Olympiasieger wenige Monate später bei unserem kulinarischen Besuch ein stolzes Lächeln abringen. Das Loch, in das er gestürzt war, die momentane Verzweiflung, wich mit Sommerbeginn einem unverkennbaren Optimismus. Vorbilder, an denen er sich orientieren könnte, hatte er keine. Nur Geschichten, die ihn beeindruckten: „Comebacks fallen mir viele ein, jenes von Lance Armstrong hat mir natürlich imponiert. Ich habe sein Buch gelesen, das hat mir gefallen. Klar, es hatte einen amerikanischen Anstrich und klang manchmal etwas überzogen, aber die Geschichte als solche hat mir gut gefallen."

Jede Kleinigkeit beeinflusst Heilungsverlauf und Erfolgsaussicht. Benjamin Raich, eben von einer schweren Knieverletzung genesen, widmet sich bewusst den Details in seinem Sport.

Benjamin Raich hatte seine eigene Comeback-Geschichte vor Augen. Eine mit allen Einzelheiten versehene Marschtabelle gehörte aber ebenso wenig dazu wie eine Kalorientabelle. „Sich anständig zu ernähren gehört zu meinem Beruf, eine Wissenschaft mache ich nicht daraus." Worte, die nicht nur gesagt sein mussten, um den Kopfsponsor zufrieden zu stellen oder die Aura des Unantastbaren auch auf der Ebene der Nahrungsaufnahme zu schaffen. Sie zeigen vielmehr das Wissen darum, dass Heilungsverlauf und Erfolgsaussichten von jeder Kleinigkeit beeinflusst werden, aber nicht planbar sind. Anmerken lassen will sich das Skiass seine kurzfristige körperliche Einschränkung jedenfalls nicht. Und als wäre nichts passiert, steigt er die Stiegen einer Wohnanlage nahe Innsbruck hinauf, wo er seine Kochkünste zum Besten geben will. Bis auf zwei Narben am Knie deutet nichts auf die vier Monate zuvor erfolgte Operation hin. Und Raich erweckt auch nicht den Eindruck, als wolle er darüber viele Worte verlieren. Gerhard Außerlechner, seit Jahren der für seine Kraft- und Ausdauerwerte zuständige Mann, tut das hingegen gerne. Der Inns-

„Sich anständig zu ernähren gehört zu meinem Beruf, eine Wissenschaft mache ich nicht daraus."

brucker bezeichnete Musterschüler Raich einmal als „einen kompletten Athleten". Während eines Trainings gebe es keine Ablenkung während des Ergometerfahrens, weder Handy noch Illustrierte „oder sonst irgendeinen Firlefanz". Wie meinte einst der frühere Herren-Chef: „Er ist der härteste Trainierer unter der Sonne."

Der Tiroler liebt es unkompliziert. Ein kleines Mädchen grinst, als sie den Star im Hausflur zu Gesicht bekommt und begrüßt den prominenten Gast: „Ich habe auch schon eine Medaille gewonnen", sagt sie und nennt uns ihren Namen – Leila. Benni Raich nimmt den Ball auf und erwidert anerkennend: „Eine Medaille, die hätte ich auch gerne." Und dann begibt sich der 33-Jährige sozusagen ins Starthaus, an den Herd. Er, per Eigendefinition ein „Naturbursch", möchte Gerstlsuppe und Buchteln zubereiten. Die Auswahl entspricht dem Charakter des Mannes, der Kampfansagen nicht in seinem Wortschatz verankert hat. Auch beim Essen darf es etwas Einfaches sein. Aber etwas, das ihm immer schon geschmeckt hat. Und immer noch schmeckt. „Früher zu Geburtstagen wünschte ich mir nichts Spezielles. Oft war die Gerstlsuppe bei uns Hauptspeise, dann folgten Buchteln." Seit damals hat sich nicht viel verändert, wenn er auch später seine Liebe zu Tafelspitz, Fisch und Steak entdeckte. Kulinarische

Grenzen, meint Raich, kenne er keine: „Ich probiere gerne, das gilt für alle geografischen Ecken des Essens: Ich mag Thai, Sushi, Fleisch, Pizza. Mich interessiert auch im Urlaub jede Küche, ich esse alles. Nur bei Schweinefleisch bin ich zurückhaltend. Es gibt eigentlich nur zwei Dinge, an denen ich mich orientiere: an der Qualität und der Vielfalt des Essens." So kaufe er etwa Fleisch und Gemüse beim Bauern aus der Nachbarschaft. Essen, philosophiert Benjamin Raich, sei Teil seines Berufs. „Einerseits gehört es zu meinem Leben als Sportler, andererseits genieße ich gerne." Die Zeit, in der er sich geschmacklichen Freuden hingeben könne, sei leider knapp, während einer Saison stehe Pragmatismus im Vordergrund: „In jeden Rennwagen tankst du das beste Benzin. Für mich bedeutet das hochwertige Nahrung."

Den Morgen vor einem Wettkampf eröffnet er mit aufgekochtem Haferschleim, garniert mit Bananen, Äpfeln und Zimt, dazu einen Schuss Öl. Schwarzbrot mit Marmelade oder Schinken rundet sein Programm ab. „Beim Frühstück ist es mir wichtig, genug Zeit zu haben. Es darf kein Runterschlingen sein." Wenn ein Slalom mit den zwei dazugehörigen Durchgängen ansteht, wenn der erste Durchgang also schon am frühen Vormittag über die Bühne geht, muss Benni Raich um sechs Uhr morgens aus den Federn. Frühstück, Gymnastik, Abfahrt zum Rennen. Der Magen dürfe nicht belastet sein. Vor dem zweiten Durchgang nimmt Benni eine weitere Mahlzeit zu sich, üblicherweise Haferbrei. Anders das Szenario bei Abfahrt oder Super-G: Beide Bewerbe finden später statt, die Pause dazwischen überbrückt Benni Raich mit Müsliriegel und Obst. Nach dem Krafttraining gibt es Fleisch, Eiweiß, Nudeln, Kohlenhydrate. Und Flüssigkeit gehört zum ständigen Begleiter: drei Liter täglich, in der Trainings- und Wettkampfphase vier bis fünf Liter. Raich: „Meistens Wasser, oft mit einem Apfelsaft gemischt, manchmal mit Mineralstoffen." Kohlenhydrat-Drinks, am liebsten in den Geschmacksrichtungen Kirsche/Johannisbeer, ergänzen die Palette.

UNIQA
A1

Unweigerlich kommt beim Kochen wieder seine Verletzung zur Sprache. Wie er denn die Zeit seiner Rekonvaleszenz kulinarisch überbrücke? „Es hat sich nichts maßgeblich verändert“, bleibt Benni Raich seinen Wurzeln treu. Die Tragweite einer gesunden Ernährung sei ihm sehr wohl bewusst: „Eine Verletzung stellt schließlich eine Belastung für den Körper dar.“ Und Belastung will gerade in dieser sensiblen Phase dosiert sein. Benjamin Raich nahm sich die Empfehlung seiner Ärzte, seines Physiotherapeuten zu Herzen. „Anstatt eine Rückkehr übers Knie zu brechen, habe ich lange mit dem Skifahren zugewartet.“ Erst am 17. August, sechs Monate und einen Tag nach seinem Missgeschick, sollte er erstmals wieder auf Skiern stehen. Zwei Monate später, als es möglich gewesen wäre. Wie schwer es denn sei, Geduld an den Tag zu legen? „Ich habe nicht das Gefühl, dass das schwer ist. Ich hatte immer sehr viel Erfolg damit, dass ich geduldig war und die Dinge einfach geschehen ließ. Ich habe an mich geglaubt, deswegen bin ich aus einem Tief auch schnell wieder rausgekommen. Diesmal wird es hoffentlich nicht anders sein.“ An jenem 17. August rutschte er um fünf Uhr morgens zunächst vorsichtig die ersten Meter eines Anfängerhangs auf dem Tiefenbachferner im Ötztal hinunter, ehe er bei Sonnenaufgang schon wieder an früher erinnerte.
Was sich wohl in seinem Kopf abspielte? Ob die Unkenrufe der Öffentlichkeit, Resultat vergangener Erfolglosigkeit im Herren-Skiteam, mitschwangen? Schon einmal kritisierte er diese mediale Gerichtsbarkeit: „Mir fällt auf, dass es keinen Mittelweg gibt. Es gibt Gut und es gibt Schlecht. Wenn du zehn Medaillen gewinnst, ist alles perfekt. Wenn du hingegen nicht ganz die Ergebnisse bringst, wenn vielleicht nur ein paar Hundertstel fehlen, wärst du eigentlich immer noch ganz gut. Man muss so etwas zu relativieren wissen, und das muss man durchaus erwarten können. Sportler stehen in der Öffentlichkeit, müssen deshalb auch mit Kritik entsprechend umgehen können. Andererseits darf es nicht vorkommen, dass man sich ausschließlich an Schlagzeilen orientiert. In

UNIQA
A1

WORDRAP

Bier oder Wein?
Beides trinke ich anlassbezogen.

Ketchup oder Mayonnaise?
Beides nicht oft. Aber zu einem Zeltfesthendl gehört nun einmal Ketchup.

Selber kochen oder bekocht werden?
Ich koche nicht so oft, aber immer wieder.

Mikrowelle oder Backrohr?
Eindeutig Backrohr, Mikrowelle haben wir keine.

Fast Food?
Warum nicht in Ausnahmefällen? Es ist bei gewissen Anlässen Tradition, das gilt etwa nach einem Weltcupwochenende in Wengen für die Rossbratwürstl dort.

Pommes oder Kartoffeln?
Keine Frage, Kartoffeln.

gewissen Situationen *(Sturz bzw. Berichterstattung über Hans Grugger, Anm.)* hat der Respekt gefehlt. Man muss sich auch in die Haut des anderen hineinversetzen."

Das improvisierte Koch-Projekt neigt sich dem Ende zu, Benni Raich hat es sichtlich eilig. Ihm steht ein Termin bevor, der ihn an sein Ziel erinnert. Erst einer beim Arzt, dann einer beim Trainer. Der Erfolgverwöhnte will noch einmal zeigen, dass er es kann. Am Herd trat der Benni Raich den Beweis an, auf der Piste soll das auch gelingen. Noch ein Foto mit der kleinen Leila, die uns beim Kochen Gesellschaft geleistet hat, dann ab ins Auto. Der „härteste Trainierer unter der Sonne" will seinem Ruf schließlich gerecht werden.

TIROLER GERSTLSUPPE

ZUTATEN (FÜR 4 PERSONEN)

1 l Wasser • 100 g Rollgerste • 200 g Selchfleisch (Schwein) oder Speck
2 kleine Zwiebeln, fein gehackt • 2 gelbe Rüben, gewürfelt
1 Petersilienwurzel, gewürfelt • Salz • Pfeffer • Muskat

Rollgerste waschen und über Nacht einweichen.

•

Mit Selchfleisch/Speck halbweich kochen; Zwiebeln, gelbe Rüben und Petersilienwurzel beimengen, würzen und ca. 1 Stunde auf niedriger Stufe köcheln lassen.

•

Selchfleisch/Speck entnehmen, zerkleinern und wieder in die Suppe geben. Nach Belieben mit Mehl und Rahm anrühren und binden.

BUCHTELN

ZUTATEN (FÜR 4 PERSONEN)

400 g Mehl • 80 g Butter • 80 g Zucker • Salz • 25 g Germ
250 ml Milch • 2–3 Dotter • Marillenmarmelade
Vanillezucker • Staubzucker

Für das Dampfl Germ mit drei Esslöffeln Milch, einem gehäuften Esslöffel Mehl und etwas Zucker verrühren und etwa eine viertel Stunde an einem warmen Ort gehen lassen.

•

Dampfl mit den restlichen angewärmten Zutaten in einer weiten Schüssel vermengen und so lange kräftig schlagen, bis ein glatter Teig entsteht. Nun ein Tuch über die Schüssel breiten, an einen warmen Ort stellen, bis der Teig das doppelte Volumen erreicht hat. Den Teig auf einem bemehlten Brett ausrollen, runde Teigstückchen ausstechen, mit Marillenmarmelade füllen, verschließen und mit der Verschlussseite nach unten in eine mit viel Butter eingelassene Pfanne geben (so eng, dass die Buchteln beim Backen ihre Form behalten). Pfanne mit einem Tuch zudecken und nochmals aufgehen lassen.

•

Im vorgewärmten Backrohr bei mittlerer Hitze (ca. 180 °C) goldbraun backen. Während der ersten fünf Minuten die Backrohrtür einen Spalt offenlassen. Wenn die Buchteln fast fertig sind und schon etwas Farbe angenommen haben, mit warmer zerlassener Butter bestreichen und fertig backen

•

Buchteln vorsichtig stürzen, nach kurzem Überkühlen wieder wenden, von einander lösen und mit einer Mischung aus Staub- und Vanillezucker bestreuen.

02

KATE ALLEN

Die Mahlzeit der Schäfer

Die Erfolgsliste von Ex-Triathletin Kate Allen hätte auf einen penibel geplanten Speiseplan schließen lassen. Die Ratschläge der mittlerweile zurückgetretenen Olympiasiegerin lesen sich jedoch weniger geheimnisvoll, als man vermuten würde.

02

„Ernährungssünden sollten mit Maß und Ziel begangen werden."

Dass Kate Allen im Rahmen unseres kulinarischen Besuchs ausgerechnet Shepherd's Pie serviert, passt durchaus ins Bild. Zum einen steht der „Schäferkuchen", ein Kartoffel- und Hackfleisch-Auflauf britischen Ursprungs, für Allens australische Heimat. Sie ist aufgewachsen auf einer Schaffarm in Teesdale, einem kleinen Ort mit 1000 Einwohnern nahe Melbourne, wo Vater Garth Aufsicht über das Wohlbefinden von bis zu 4000 Schafen hatte.
Die Triathletin lernte schon früh die Natur kennen, die rauen Seiten wie die schönen. Waldbrände, die ganze Landstriche verwüsteten; Giftschlangen und Spinnen, die sich hinter jeder Ritze und unter jedem Klodeckel verbergen konnten; allerdings auch die Weiten der australischen Wildnis und deren ungetrübte Schönheit.

„Diese Zeit hat mich geprägt", pflegte Kate Allen zu sagen, wenn sie – durch Olympiasiege und Ironman-Erfolge geadelt – über ihre Wurzeln sprach. Die Ursprünge spiegeln sich im Leben der genügsamen Tirolerin wider, die auch in der Oberliga ihres Sports unprätentiös ihrem Beruf nachging. Früher murrte sie nicht, als sie morgens den drei Kilometer langen Schulweg zu Fuß absolvieren musste. Und später kam sie ohne großes Betreuerteam

KATE ALLEN

Geboren am 25. April 1970 in Geelong, Australien, österreichische Staatsbürgerin.

Wohnhaft: Innsbruck.

Größe: 1,63 m.

Familienstand: verheiratet mit Marcel Diechtler, ein Sohn (Finley).

Erster Triathlon: Sommer 1996 in Kirchbichl.

Größte Erfolge: Goldmedaille im Triathlon bei den Olympischen Spielen 2004 in Athen, Österreichs Sportlerin des Jahres 2004, Siege Ironman Austria (2003, 2005), dreimal Vizeeuropameisterin, zweimal Platz 5 beim Ironman Hawaii (2005, 2006)

Karriereende: Juli 2009.

03

THOMAS ROHREGGER

Die Heimat fährt stets mit

Straßenradrennfahrer Thomas Rohregger hat sich in zehn Profijahren einen Habitus zurechtgelegt, der den Tiroler jährlich 10.000 Wettkampf- und daneben gut 30.000 Trainingskilometer absolvieren lässt. Sein vielschichtiger Sport beschränkt sich indes nicht auf Kalorienzählen.

Thomas ROHREGGER
26/5/11
Bruschette
Spargelsalat
Branzino

03

„Ich schalte am liebsten zuhause ab, gehe auf den Berg oder unternehme eine Skitour."

Du bist, was du isst. Auf kaum ein sportliches Genre trifft diese Weisheit in ähnlicher Form zu wie auf die Ausdauer-Szene. Und kaum wo werden Philosophien im Zuge neuer Erkenntnisse aufgestellt und wieder verworfen wie in der detailverliebten Welt des Straßenradsports. Thomas Rohregger, Gewinner der Österreich-Radrundfahrt 2008 und seit damals bei namhaften Profiteams engagiert, verfolgt seinen Weg, den eines Tiroler Naturburschen. Klare Regeln, bei denen der Faktor Genuss nicht zu kurz kommen darf. „Generell gesehen betrachte ich gutes Essen als Belohnung nach einem harten Rennen oder einem harten Training." Bei unserem kulinarischen Besuch weist sich der Tiroler als wahrer Kenner der italienischen Küche aus, er präsentiert Tiroler Bruschetta, Spargelsalat und den Mittelmeerfisch Branzino (Wolfsbarsch) in Salzkruste.

Sein Wissen um Leistungsfaktoren gibt Rohregger auch in der Vorbereitung auf Tourismusradklassiker wie dem Ötztaler Radmarathon an Hobbyfahrer weiter. Im Gegensatz zu denen muss sich der Tiroler während eines Wettkampfs jedoch keine Gedanken darüber machen, wer ihm am Beginn oder Ende des Tages sein Essen zubereitet. Es wäre auch nicht vorstellbar, nach einer 200-Kilometer-Etappe im Rahmen der Tour de

THOMAS ROHREGGER

Geboren am 23. Dezember 1982 in Innsbruck, nach einigen Jahren in Kramsach nun in Innsbruck zuhause

Größe/Gewicht: 174 cm/60 kg

Hobbys: gutes Essen und guter Wein, Freunde treffen, Tiroler Bergwelt genießen, Skitouren gehen, Fußball

Jahreskilometer: ca. 30.000

Vorbild: Lance Armstrong

Erfolge: Teilnahme an Tour de France, Giro d´Italia, Vuelta a España. Starts bei Weltmeisterschaften und Olympischen Sommerspielen; Sieger Österreich-Rundfahrt 2008, Etappensieger Vuelta a España 2011 (Mannschaftszeitfahren) Teams: 2003–2004 Team Hervis, 2006–2008 Elk Haus-Simplon (beide AUT), 2009–2010 Team Milram (GER), seit 2011 Team Leopard Trek (LUX)

MONCLER

France darauf Energie zu verschwenden. Deshalb führt jedes der größeren Profiteams seinen eigenen Koch mit, der in Abstimmung mit dem Teamarzt auf ausgewogene und vor allem ballaststoffreiche Ernährung achtet. „Rein Psychologisch betrachtet ist qualitativ hochwertiges Essen sehr wichtig. Man freut sich während des Rennens meist schon auf das leckere Essen am Abend." Kleine Teams müssten hingegen mit einer leider meist verkochten Pasta im Hotel vorlieb nehmen.

Als Radprofi verbrennt Thomas Rohregger eine Unmenge an Kalorien. Der Genussfaktor darf dennoch nicht zu kurz kommen.

Der gewöhnliche Tag einer mehrtägigen Rundfahrt beginnt mit einem ausgiebigen Frühstück, je nach Vorliebe reicht die Palette von frisch gebackenem Vollkornbrot und Fruchtsäften bis hin zu Omeletten, Porridge, Reis, Pasta und aus Gründen der Verdauung bereits am Vortag eingeweichtem Müsli. Vorsicht sei dennoch geboten, vor allem vor schweren Bergetappen: „Zu viel Nahrung kann blockieren." Einer Faustregel zufolge sollte man drei Stunden vor dem Start keine großen Mengen zu sich nehmen, auch während einer Etappe beschränkt sich das Feld zumeist auf Powerriegel und Zuckergels. Als Geheimtipp gelten „Silberlinge", in Alufolie eingepackte Snacks. Das können Kuchenstücke, mit Nutella gefüllte Waffeln, kleine Brötchen mit Schinken und Ananas oder Milchbrot mit Reisfüllung sein.

Doch nicht nur der Zeit vor und während des Rennens, sondern auch der ersten Stunde danach kommt große Bedeutung zu: „Das ist der wichtigste Zeitraum für die Regeneration." Im Sinne einer schnellen Zuckeraufnahme warte unmittelbar hinter der Ziellinie ein Betreuer mit Limonade, wenig später im Teambus stehen Milchreis, Nudeln, belegte Brote, Kartoffeln, Erholungsgetränke oder Eiweißshakes bereit. Das Gerücht, Radler verzehrten Kohlenhydrate in rauen Mengen, sei in diesem Sinn nur bedingt richtig: „Alles zu seiner Zeit! Kohlenhydrate morgens und mittags, abends eher Eiweiß. Damit gibst du dem Magen Zeit zur Erholung

26/5/11
Bruschette
Spargelsalat
Branzino

„Sport ist ein Lebensabschnitt, ich werde nicht bis 60 Rad fahren."

ERNÄHRUNGSTIPPS FÜR RADMARATHON-TEILNEHMER

- Ausreichende Nahrungszufuhr ist wichtig, weniger ist aber oft mehr!
- Ausreichende Flüssigkeitszufuhr ist wichtig – viele Hobbysportler trinken meistens zu wenig!
- Während der Vorbereitung vermehrt auf den Verzehr von zu viel Eiweiß achten!
- Trainingsphase/Vorbereitung: Ausgedehntes Frühstück mit reichlich Kohlenhydraten (vor allem langkettige Kohlenhydrate/Vollkornprodukte)!
- Auch während des Trainings immer wieder essen, um den Blutzuckerspiegel konstant auf einem Level zu halten und nicht Gefahr zu laufen, einen Hungerast zu bekommen (Muskelzerstörung)!
- Nach dem Training empfehlen sich Kohlenhydrate, um die Glykogenspeicher wieder aufzufüllen!
- Am Abend am besten nur noch Gemüse und Eiweiß, da der Körper dann besser regenerieren kann!

und kannst zudem dein Wettkampfgewicht halten." Die professionelle Aussage eines 60 kg leichten Menschen mit einem Körperfettgehalt von fünf Prozent.

Doch auch der Kopf brauche Nahrung, hält Thomas Rohregger fest. Welche Ersatzdroge gönnt er sich also, wenn er nach einer langen, beschwerlichen Etappe fernab der Heimat im Hotel ankommt? „Einen Sack Gummibären und eine Badewanne. Seit vergangenem Jahr habe ich auch CDs von Volksmusiker Franzl Posch bei mir. Die höre ich abends: Ich denke dabei an Natur, Berge, Kühe, Tirol – und schlafe ein." Mitunter im eigenen Bettzeug, das er von zuhause mitnimmt. Ein Stück Heimat – und nicht das einzige. Neben einem Glas Gebirgshonig führt der Tiroler stets eine Flasche Schnaps, gebrannt aus Äpfeln des heimischen Gartens, mit sich. „Zum Gurgeln", wie der Kramsacher anmerkt. Und um sich nur „ja nichts einzufangen". Vorsicht ist schließlich auch ein Stichwort für den Österreich-Tour-Sieger 2008: Bei einem Rennen auf Mallorca handelte er sich vor Jahren einen hartnäckigen Darmvirus ein, der ihn sogar zum Rückflug nach Innsbruck veranlasste.

Hat Nahrungsaufnahme für ihn also rein technischen Charakter? „Keineswegs“, winkt Rohregger ab. „Ich koche sehr gerne – vor allem im Kreise meiner Freude.“ Dabei könne er entspannen und abschalten, ein gutes Glas Rotwein trage dazu bei. Selbst einen Lieblingswein („The Legend“) und einen Lieblingswinzer (Scheiblhofer) hat der 28-Jährige. Man könnte ihn also durchaus als Genussmensch bezeichnen. Als weitgereisten, der seine Rundfahrten auch als kulinarische Entdeckungsreise betrachtet. Der asketische Lebenswandel im Wechselspiel mit den schönen Seiten seines Sports mache Radfahren jedenfalls zu seinem Traumberuf. Einer mit Ablaufdatum: „Sport ist für mich nur ein Lebensabschnitt, ich werde wohl nicht bis zu meinem 60. Lebensjahr Rad fahren.“ Aus dem Backrohr verströmt der Branzino bereits wohliges Aroma. Genug geredet, Genussmensch Rohregger lädt zum Essen.

WORDRAP

Bier oder Wein?
Beides je nach Anlass

Ketchup oder Mayonnaise?
Ketchup – das passt immer und überall.

Selber kochen oder bekocht werden?
Selber kochen

Tee oder Kaffee?
Kaffee

26/5/11
Bruschette
Spargelsalat
Branzino

TIROLER EDLE+

Wok
Kitzbühel
KITZ & FRIENDS
Triathlon 2010
2 Platz

BRANZINO IN SALZKRUSTE

ZUTATEN (FÜR 6 BIS 8 PERSONEN)

2 kg geputzter Branzino (auch Sardinen, Steinbutt)
Basilikum • Petersilie • Fenchelgrün • 2 unbehandelte Zitronen
1 unbehandelte Orange • 1 Handvoll Fenchelsamen • 1 Ei
3 kg grobes Meersalz (pro Kilogramm Fisch 1,5 kg Salz) • Olivenöl

Backrohr auf 220 °C vorheizen. Fische mit Zitronenscheiben und Kräutern füllen.

•

Das Salz mit abgeriebener Zitronen- und Orangenschale, den Fenchelsamen, dem Ei und ein wenig Wasser mit den Händen vermengen. Diese Aromen ergänzen sich ganz großartig, und der Brei fühlt sich wie nasser Sand im Urlaub an!
Auf dem Backblech mit einem Teil des Salzes ein ca. 1 cm hohes Salzbett formen und die mit Öl bestrichenen Fische darauflegen.
Mit dem restlichen Salz die Fische bedecken und die Masse leicht anklopfen.
Das Salz darf nicht in die Fische dringen, denn es dient nicht zum Würzen, sondern ist Teil der Garmethode. Köpfe und Schwanzflossen können ruhig herausragen!

•

Das Blech ins Backrohr schieben. Um festzustellen, ob die Fische gar sind, einen Fisch an der dicksten Stelle mit einer Gabel anstechen, nach 10 Sekunden herausziehen und die Gabel an die Lippe halten. Sind die Zinken noch warm, ist die geschmackliche Sensation fertig.

•

Erst vor den Gäste die Fische aus der Kruste befreien, und gemeinsam genießen!

•

Dazu passen Rosmarinkartoffeln.

04

GREGOR SCHLIERENZAUER

Der Überflieger liebt es bodenständig

Skisprung-Weltmeister Gregor Schlierenzauer über weiße und schwarze Flecken auf seiner kulinarischen Landkarte.

04

„Wok-Gerichte tun mir gut, sind schmackhaft und schnell zubereitet."

Zu Gast bei zwei Weltmeistern im Stubaital. Der eine heißt Markus Prock, einer der erfolgreichsten Kunstbahnrodler. Beim kulinarischen Besuch verharrt der Miederer allerdings in der Gastgeber- und Zuschauerrolle, an den Herd lässt der zehnfache Weltcup-Gesamtsieger des Eiskanals seinen Neffen Gregor Schlierenzauer. Nicht ungewöhnlich – der Skispringer verbringt hier, unweit seines Elternhauses in Fulpmes, so manche Stunde. Nicht am Herd, sondern in der Kraftkammer, die Markus Prock in seinen Keller baute. „Hier fühlt sich Gregor wie zuhause", erzählt der Hausherr und Manager des jungen Skispringers mit der außergewöhnlichen Flugbegabung.

Neben dem Schanzentisch scheint Schlierenzauer auch für die Anrichte einiges an Talent mitzubringen. „Er kochte schon immer viel", erzählt der Onkel beim Empfang. Oder er half bei der Zubereitung. Als Vierjähriger nannte der kleine Gregor seine Lieblingsspeise „Lesagne". Und geändert hat sich seit damals bis auf die Aussprache (Lasagne) wenig – Mutter Angelika bestätigt das gerne. „Bei uns in der Familie darf jeder kochen." Die Zeit von Schlierenzauers Koch-Exkursen ist grundsätzlich begrenzt. „Im Sommer oft, wenn ich zuhause bin. Im Winter meistens dienstags und

GREGOR SCHLIERENZAUER

Geboren am 7. Jänner 1990 in Rum bei Innsbruck

Wohnort: Fulpmes

Größe/Gewicht: 1,80 m/63 kg

Persönliche Bestweite: 243,5 m (Vikersund 2011)

Ausbildung: Handelsschule

Hobbys: Kochen, Golf, Pokern, Fotografieren

Erfolge: Olympia 2010 (Bronze Normal- und Großschanze, jeweils Einzel), Team-Gold (Großschanze); Weltmeister 2011 (Großschanze, Einzel), Skiflug-Weltmeister 2008 (Einzel), Junioren-Weltmeister (Einzel); dazu sieben Mal Team-Weltmeister. Weltcupsiege: 35. Gesamtsieg 2008/09

www.gregorschlierenzauer.com

OMV
OMV

OMV
OMV

mittwochs zwischen den Weltcup-Veranstaltungen. Dann stelle ich mich einfach in die Küche und fange an zu kochen." Angelika Schlierenzauer kennt die Vorlieben ihres Sohnes: „Er mag am liebsten frische, unbehandelte Kost. Im Sommer alles, was im Garten wächst. Und er liebt Ingwer!" Der Besuch beim Biobauern oder beim Metzger darf nicht fehlen, deren Produkte ergänzen den Speiseplan. Eiweiß, Kohlenhydrate – Fisch traditionell am Freitag. Keiner aus dem Gefrierfach, denn Fertigmenüs gibt es nicht. Selbst Mehlspeisen bereiten die Schlierenzauers selbst zu. Fragt man Gregor nach der bevorzugten Nachspeise, kommt die Antwort ohne Zögern: „Karottentorte!"

Essen, das scheint in der Familie eine Art Ritual zu sein. Alle sitzen beisammen und essen, reden. „Möglichst wenig übers Skispringen", fordert Angelika Schlierenzauer mit sanftem Nachdruck. Außerhalb des Hauses drehe sich ohnehin schon genug um den Sport, der den friedlichen Alltag mit einem Schlag durcheinanderwürfelte. Man habe darauf achten müssen, dass weiterhin jeder seinen Platz finde. Angelika Schlierenzauer, Schwester von Hausherr Markus Prock, erklärt: „Wenn man Gregor in der Familie hat, um den sich doch nach außen hin alles dreht, muss man schauen, dass keiner untergeht." Manchmal müsse man einfach das Thema wechseln, erzählt Angelika Schlierenzauer. Sie redet von jenen Momenten, in denen nur der Name „Gregor" fällt. Für die anderen Geschwister, für Gloria und den jungen Lukas, sei das nicht leicht gewesen. Und für sie die Verpflichtung zu schauen, „dass die anderen weiter zur Geltung kommen". Und daneben sollte Gregor, der 2006 als knapp 16-Jähriger zum sportlichen Höhenflug ansetzte, selbst am Boden bleiben. „Wenn man in der Traumwelt bleibt, war es sensationell, was mir in den vergangenen fünf Jahren gelang. So etwas kann man nicht planen, gewisse Dinge müssen passieren." Auch für ihn sei der Sprung ins Rampenlicht früh gewesen. „Er hatte keine Erfahrung!", weiß Rodel-Weltmeister Markus Prock – und er half seinem Neffen dabei. Durch seine Erfolge war die

In der Familie Schlierenzauer stellt das Essen eine Art Ritual dar. Man sitzt beisammen, um sich zumindest einmal täglich in Ruhe auszutauschen.

„Mittlerweile sehe ich Skispringen als tolles Geschenk, weil ich machen darf, was mir Spaß macht."

Familie in gewisser Weise bereits auf öffentliche Wahrnehmung geeicht. Und von Freunden außerhalb des Sports habe Schlierenzauer auch die andere Seite vermittelt bekommen: dass es nicht selbstverständlich sei, in jungen Jahren so erfolgreich zu sein. „Mittlerweile sehe ich Skispringen nicht mehr als Job, sondern als tolles Geschenk: dass ich nämlich das machen darf, was mir Spaß macht – und das ist keine Selbstverständlichkeit. Der Sport ist zudem eine Gelegenheit, sich selbst besser kennenzulernen, in gewisser Weise eine Lebensschule. Klar gibt es Situationen, in denen man sich wundert, wie oberflächlich manche Leute sind, wie schnell sie Erfolge vergessen. Aber das kann man nicht ändern, damit muss man sich abfinden. In einem gewissen Umfeld, bei gewissen Events, kann ich das mittlerweile ganz gut abschätzen."

Bodenständig bleiben – eine Forderung, die Gregor Schlierenzauer auch an seine Nahrung stellt. Der Team-Olympiasieger will beim Besuch seine Lieblingsspeise, die erwähnte Lasagne, präsentieren. Während er sich den Vorbereitungen widmet, macht er sich Gedanken über seine kulinarischen Vorlieben: „Wok-Gerichte esse ich gerne, die tun mir gut. Einfach, schnell zubereitet, schmackhaft." Nur um Innereien macht der Weltmeister einen Bogen. Die Qual der Wahl hat er während der Saison nicht immer: Auf dem Weg zu und von den 30 Weltcup-Veranstaltungen

OMV

„Wenn ich ein Wiener Schnitzel möchte, dann mache ich mir eines."

im Winter sei man zumeist auf Grundnahrungsmittel angewiesen, das Essen mancherorts werde den Ansprüchen eines ernährungsbewussten Sportlers nicht gerecht. Für Finnland gelte das, für Polen und Tschechien genauso. „Nur zu Speisen in Italien sagt man nicht Nein", grinst Schlierenzauer. Am Nudel-Äquator, dem Ort der gehaltvollen Speisen, der kohlenhydratreichen Energiezufuhr, müsse einem nicht bang sein. Zumindest auf Reisen muss sich Schlierenzauer keine Gedanken machen. Denn seit sein Sponsor einen Tourbus für die gesamte Mannschaft stellt, garantiert Fahrer Werner für Gaumenfreuden. Dabei hat Schlierenzauer „das große Glück, dass ich mir über eine Gewichtszunahme keine Sorgen machen muss".

„Ganz fette Sachen wie Schweinsbraten" munden dem Stubaier nicht, sein Magen rebelliert dabei. „Aber wenn ich ein Wiener Schnitzel essen möchte, dann mach ich mir eines." Keine Rede also vom viel zitierten Magerwahn – bei Gregor Schlierenzauer war der nie ein Thema. Dass man grundsätzlich aufs Gewicht schaue, treffe auf jede Sportart zu. Im Skispringen steht die Gesundheit mittlerweile verstärkt im Mittelpunkt: Fälle wie jener des Deutschen Sven Hannawald, der bis zu seinem Rücktritt im Jahr 2005 zwischen Anorexie und Burn-out pendelte, sensibilisierten Öffentlichkeit und Verantwortliche. Früher, sinniert Gregor

LASAGNE VERDI AL FORNO

ZUTATEN (FÜR 6 PERSONEN)

250 g grüne Lasagne-Blätter • 80 g durchwachsenen Räucherspeck
2 Zwiebeln • 2 Zehen Knoblauch • 3 Stangen Bleichsellerie • 2 Karotten
3 Fleischtomaten • 4 EL Olivenöl • 300 g gemischtes Hackfleisch
125 ml Fleischbrühe • 1 Schuss Rotwein • 1 EL Tomatenmark
schwarzer Pfeffer • 1 Prise Zucker • 4 Zweige Oregano • ½ Bund Petersilie
6 EL Sahne • 60 g Butter • 60 g Mehl • 250 ml heiße Milch
Muskatnuss • weißer Pfeffer • 200 g Mozzarella
Butter zum Einfetten • 80 g Parmesan (frisch gerieben).

Lasagne-Blätter vorkochen, im kalten Wasser abschrecken und sehr gut abtropfen lassen.

•

Speck sehr fein würfeln,
Zwiebeln und Knoblauchzehen schälen und fein hacken.
Die Bleichsellerie von möglichen harten Fasern befreien. Dazu mit einem kleinen, spitzen Messer am unteren Ende unter die Fasern fahren und diese gleichmäßig zum Blattansatz hin abziehen. Die Stangen der Länge nach in feine Streifen und diese in Würfel schneiden.
Die Sellerieblätter fein hacken und zufügen.
Die Karotten schaben und fein würfeln.
Die Tomaten mit kochendem Wasser überbrühen, enthäuten, von Stilansätzen befreien, Kerne entfernen und fein hacken.

•

Den Speck in einem Topf ausbreiten, das Olivenöl darin erhitzen und das vorbereitete Gemüse mit Ausnahme der Tomaten hineingeben.

Unter ständigem Rühren braten, bis die Flüssigkeit verdampft ist.
Das Hackfleisch zufügen und unter ständigem Umrühren braten,
bis es feinkrümelig und grau geworden ist.
Die Tomaten darunter mischen und die heiße Fleischbrühe dazugießen.
Einen kräftigen Schuss Rotwein eingießen, das Tomatenmark unterrühren
und alles mit Salz, Pfeffer und dem Zucker würzen. Mit Salz, weißem Pfeffer
und frisch geriebener Muskatnuss abschmecken.

•

Den Mozzarella abtropfen lassen, in Scheiben schneiden und würfeln.
Eine feuerfeste Form einfetten. Das Backrohr auf 200 °C vorheizen.

•

Während die Sauce Bolognese kocht, die Béchamelsauce zubereiten.
Dazu die Butter in einem Topf erhitzen und das Mehl darin unter Rühren
durchschwitzen lassen. Sobald sich an der Oberfläche ein weißlicher Schaum zeigt,
die heiße Milch unter weiterem Rühren eingießen und die Sauce
bei schwacher Hitze etwa 10 Minuten kochen lassen.

•

Eine Lage Lasagne-Blätter in die Form legen (bei nicht vorgekochten Blättern mit einer
dünnen Schicht Béchamelsauce beginnen) und gleichmäßig
mit der Fleischsauce bedecken. Etwas Béchamelsauce darauf verteilen,
mit ein paar Mozzarellawürfeln und etwas Parmesan bestreuen. Den Vorgang
schichtweise wiederholen, bis die Masse aufgebraucht ist.
Die letzte Schicht sollte aus Béchamelsauce und Käse bestehen.

•

Die Form auf die mittlere Schiene des Backrohrs schieben und
den Auflauf 25 bis 30 Minuten überbacken, bis die Oberfläche
knusprig braun geworden ist.

KAROTTENTORTE

ZUTATEN

300 g Karotten fein gerieben • 5 Eigelb • 4 EL heißes Wasser • 200 g Zucker
1 Pkg. Vanillezucker • 5 Eiweiß • 1 Prise Salz • 250 g geriebene Haselnüsse
8 EL Semmelbrösel • ½ TL Backpulver • ½ TL Zimt • 1 EL Rum

Eigelb mit Wasser, Zucker und Vanillezucker schaumig rühren, anschließend die Karotten hinzufügen.

•

Nun werden die Nüsse, Brösel, Zimt und der Rum eingerührt.

•

Eiweiß zu steifem Schnee schlagen und vorsichtig unter die Eimasse heben. Teig in eine gebutterte und bemehlte Tortenform füllen und bei 180 °C ca. 50 Minuten backen.

TOPFENKNÖDEL

ZUTATEN

500 g Magertopfen (20 %) • 2 ganze Eier • 2 EL Öl • 4 EL Brösel
4 EL Grieß *(Dinkelgrieß)* • etwas Salz.

Alle Zutaten in einer großen Schüssel zu einem flaumigen Teig vermengen und 10 bis 15 Minuten ziehen lassen (wichtig!).

•

Sobald die Masse geschmeidig geworden ist, mit feuchten Händen Knödel bzw. Nocken formen, in leicht wallendes Salzwasser einlegen und die Knödel ca. 10 bis 15 Minuten köcheln lassen. Wenn die Knödel an die Oberfläche steigen, sind sie fertig. Mit einem Knödelheber aus dem Wasser nehmen, in gerösteten Semmelbröseln wälzen und mit Zucker bestreut servieren.

•

Dazu passt am besten Zwetschkenröster oder Hollerkoch.
Guten Apptetit!

Tipp: Der Topfenteig eignet sich auch für Marillen- oder Zwetschkenknödel. Dazu die Früchte gut waschen, Kerne entfernen, an deren Stelle ein Stück Würfelzucker einlegen, wieder zusammensetzen und mit Topfenteig umhüllen. In Bröseln gewälzt und mit Staubzucker bestreut servieren.

05

FABIENNE NADARAJAH

Beim Essen ein Schmetterling

Fabienne Nadarajah, Vizeweltmeisterin 2006 im Delfin- bzw. Schmetterlings-Schwimmen, nennt ihren Ernährungsplan eine „Gefühlssache". Bei unserem kulinarischen Besuch punktet die Wienerin mit Pinienkern-Pesto und erfrischender Offenheit.

Ströck
EasyMotion
RENT A CAR

05

„Schwimmen ist ein ständiger Balanceakt zwischen Gewicht und Muskelmasse."

Es gibt kaum etwas, bei dem sich Fabienne Nadarajah nicht gut machen würde. Delfinschwimmen, keine Frage, da war sie 2006 Vizeweltmeisterin. Selbst Haischwimmen – denn als Dame der „Hai Society" übernahm sie im Wiener Haus des Meeres eine Patenschaft für einen Schwarzspitzenhai. Nadarajah – ganz Frau der Tat – begab sich nach der Urkundenüberreichung ins Wasser, um ihren den anwesenden Experten zufolge „unangriffigen" Schützling persönlich kennenzulernen. Einmal mixt die Wienerin Cocktails für eine Krebs-Charity, dann besucht sie Integrationsfeste; in Wien und Umgebung gilt sie als ein willkommener Aufputz jeder Gesellschaft. Gesprächig, erfolgreich und vor allem – bei 1,84 Meter Körpergröße – nicht zu übersehen. Und nicht zu überhören. Als kürzlich ein Arzt öffentlich verkündete, dass Frauen grundsätzlich nicht gut für Sport geeignet seien („Zu viel ist für den weiblichen Organismus nicht gut, das ist eindeutig bewiesen. Männer können schließlich auch nicht schwanger werden."), regte sich in Fabienne Nadarajah das Adrenalin. Wer der jungen Frau nun ein VIP-Gen zuschreiben will, der irrt: „Ich engagiere mich nicht politisch, dafür sozial."

FABIENNE NADARAJAH

Geboren am 10. Juni 1985 in Wien

Wohnort: Wien

Größe/Gewicht: 1,84 m/70 kg

Familienstand: ledig

Beruf: Absolventin Handelsschule, angehende Studentin

Hobbys: Cricket, Laufen, Radfahren

Erfolge: Kurzbahn-WM 2006: Silber; Kurzbahn-EM: 2003, 2004, 2005 jeweils Bronze über 50 m Schmetterling bzw. 2007 Bronze über 50 m Rücken. Sommer-Universiade 2007: Gold über 50 m Schmetterling.

Die Teilnahme an diesem Buch im Kreis bekannter Sportler und Sportlerinnen interessiert die bekennende Herd-Umgeherin, weil sie sich von Berufs wegen regelmäßig mit Ernährung auseinanderzusetzen hat: „Schwimmen ist ein ständiger Balanceakt aus Gewicht und Muskelmasse: Du musst schließlich alles durchs Wasser mitziehen." Fabienne Nadarajah nennt es eine „Gefühlssache", den Mittelweg zu beschreiten. Schwer falle ihr das nicht, auf gesunde Ernährung habe man bei ihr zuhause immer Wert gelegt. Erinnerungen an einen Tag ihrer Kindheit werden wach, als die Eltern erstmals Fast Food mitbringen wollten. Einen Anruf später war das Thema gegessen – die Töchter Fabienne und Dominique weigerten sich. Aus Sicht von Nadarajah rückblickend nicht ungewöhnlich: „Wir wuchsen mit gesunder Ernährung auf, etwa mit Pute, Fisch und Reis. Und wir vermissten nichts." Die Schwelle eines Fast-Food-Restaurants überschreitet sie heute nur gelegentlich, als Dauergast wird man sie dort nicht sehen. Ketchup und Mayonnaise brauche sie nicht, wie sie beteuert.

Fabienne Nadarajah geht Fast Food nicht aus dem Weg. Ein Schweinsbraten aus Mamas Küche übt auf sie indes ungleich größeren Reiz aus.

Die Leidenschaft, selbst zu kochen, ist bei ihr noch nicht entbrannt: „Privat koche ich eher nicht. Ich will nicht und viel könnte ich auch nicht zubereiten. Ich esse gerne bei Eltern oder Freunden – da lade ich mich selber ein", gesteht die 26-Jährige freimütig, als sie sich anschickt, im Rahmen unseres kulinarischen Besuchs Nudeln mit Pinienkern-Pesto zum Besten zu geben. Ihre geringen Kochambitionen liegen nicht zuletzt darin begründet, dass ihr der Trainingsalltag Zeit und Energie raubt und sie mitunter spät in die eigenen vier Wände kommt. Die nötige Energiezufuhr garantieren vorgekochte Gerichte ihrer Mutter. Sie spielt kulinarisch zweifelsohne eine große Rolle im Leben ihrer Tochter. Als sich Fabienne Nadarajah etwa am Ende der Schwimm-Weltmeisterschaft 2011 in einem Blog zum letzten Mal aus Shanghai meldete, gestand sie: „Ich freue mich schon sehr auf zuhause: auf meine Eltern, die ich seit fünf Wochen nicht gesehen habe, meine Freunde und die heimische Küche. Ich kann es

„Ich zähle keine Kalorien. Chips vor dem Fernseher gehören manchmal ebenso dazu wie Schokolade mit Nüssen."

kaum erwarten, wieder Mamas Schnitzel zu genießen – Reis und Nudeln hatten wir hier in letzter Zeit ja zur Genüge." Das liegt nicht etwa daran, dass sie der asiatischen Küche nichts abgewinnen könnte: Vater Sivabala, ein Ingenieur aus Sri Lanka, hinterließ im heimischen Speiseplan seine Spuren. Der seit 1979 in Wien lebende Cricket-Fan, ein Pionier dieses Sports in Österreich, beeinflusste zuhause eine „österreichisch-indisch-ayurvedische Küche". Eine, die seiner sportlich erfolgreichen Tochter die Geschmacksrichtung wies. Sie liebt Schweinsbraten, den es regelmäßig beim Sonntagsbesuch im Elternhaus („eine nette Familientradition") gibt. Oder Risotto. Und zu Weihnachten kommt ebenso traditionellerweise eine Ente auf den Tisch.

Nur um Innereien, um Leber, mache sie einen Bogen. Und um Cremeschnitten. Lieber besucht sie den Naschmarkt im Herzen Wiens, um sich nach frischen Delikatessen umzusehen. „Ich zähle keine Kalorien", meint Nadarajah. Chips vor dem Fernseher gehören ebenso dazu wie weiße Schokolade mit Nuss. Sie ernähre sich normal, befindet Nadarajah, und aus dem Mund einer Sportlerin hört sich das erfrischend und ehrlich an. Dass sie Wasser für gewöhnlich den Vorzug gegenüber Energydrinks gibt, passt ins Bild.

FA
NT
AS
IE

Ein Internetportal zählt Nadarajah zu den hübschesten Sportlerinnen, vor zwei Jahren posierte sie mit Branchenkollegin Mirna Jukic auf Mauritius für den Bikinikalender des österreichischen Sportmagazins. Das ist nicht zuletzt ihrem Gardemaß geschuldet. Ob Modeln der Schmetterlings-Schwimmerin, der „Madame Butterfly", zu der sie eine Zeitung adelte, entspricht? „Ich finde es interessant, etwas Neues zu probieren. Das bin eben ich!" Da nahm sie es auch mit Gelassenheit hin, um vier Uhr morgens aufzustehen und sich erst um 22 Uhr wieder hinzulegen. Modeln würde sie zwar nicht zu ihrem Lebensmittelpunkt machen, an Seriosität will es Nadarajah dabei dennoch nicht missen lassen. „Sie ist immer sehr professionell", lobte sie einst ihr Betreuer Robert Michlmayr. Etwas, das im scheinbar ausgereizten Sport unabdingbar ist und in Zeiten, in denen die australische Nationalmannschaft eigene Erholungsbecken in jedes noch so abgelegene Schwimmbad dieser Welt transportiert, eine Notwendigkeit.

Doch in letzter Zeit setzte bei der lange so unbekümmerten Fabienne Nadarajah ein Nachdenkprozess ein: Ihre Spezialdisziplin, der Schmetterlings-Sprint, ist kein Teil des olympischen Programms. Und die Teilnahme an den Sommerspielen verpasste sie mit Alternativdisziplinen in den Jahren 2004 und 2008 jeweils knapp. Dazu kamen Tiefschläge, die sie im Dezember 2010 kurzfristig an das Ende der Karriere denken ließen: „Sicherlich denke ich schon an die Zeit nach dem Schwimmen, ich bin schließlich 26. Aber ich kann jetzt nicht sagen, wann ich wirklich aufhöre." Heute meint sie darüber: „Man soll sich nicht ärgern, man muss nur wieder zurückkommen. Sachen, die ich nicht ändern kann, muss ich nicht hinterfragen."

Ein Reifeprozess. Bereits mit vier Jahren begann Fabienne im Sog ihrer fünf Jahre älteren Schwester Dominique mit dem Schwimmen. Zwi-

schen 12 und 15 Jahren zog sie den Tennisplatz allerdings einem Pool vor. Dann wechselte sie wieder zurück, gewann Schwimmmedaillen und hörte ihren Trainer Robert Michlmayr sagen: „Der Weltrekord ist nicht zu garantieren, aber er ist auch nicht auszuschließen." Eine kühne Aussage, wenngleich Nadarajah eben das zu ihrem Motto erhoben hat: „Wer positiv denkt, sieht das Unsichtbare, fühlt das Untastbare und erreicht das Unmögliche!"
Mittlerweile gehört sie zu den Arrivierten der Szene. Und Leute dieser Liga wissen nicht, wie viele Großereignisse sie bereits hinter sich haben: „Das ist jetzt mein zehntes Jahr, durchschnittlich gibt es zwei große Wettkämpfe pro Jahr, also werden es so 20 Großereignisse gewesen sein", schätzt sie. Seit damals feierte sie fünf Medaillensiege, den letzten vor vier Jahren. Ihr Credo: „Ich schwimme, solange es mir Spaß macht, setze mir keine Deadline."

An Geld mangelt es ihr nicht, gibt sie unumwunden zu: „Ich gehöre zur ersten Generation im Schwimmen, die davon leben kann." Viel sei es nicht, aber es reiche. „Seit meinem 16. Lebensjahr, bin ich finanziell unabhängig. Und dann will man nicht mehr zurück und seine Eltern um Geld bitten." Ein Studium, wie Nadarajah es vor Jahren an der Wirtschaftsuniversität begann, sei zeitlich nicht möglich. Auch Modeln mache zwar Spaß, passe aber nicht zum Training: „Abseits vom Schwimmen kann man nicht viel machen, da wäre ein normaler Acht-Stunden-Job sicher angenehmer." Also trainiert sie sechs Tage wöchentlich, bis auf Samstag zweimal täglich. Denn immer am Samstag um 11 Uhr beginnt die letzte Einheit der Woche, danach kommt das Wochenende. Mit Tennis, Radfahren, Laufen und einem kurzen Abend ohne Lokalbesuche: „Meistens bin ich zu müde und schlafe zuhause auf der Couch ein."
Schwimmen ist längst über eine handelsübliche Amateursportart hinausgewachsen; eine Weltsportart eben. Nicht eine wie Cricket, das hier-

WORDRAP

Bier oder Wein?
Wenn, dann Radler

Selber kochen oder bekocht werden?
Bekocht werden

Mikrowelle oder Backrohr?
Backrohr

Kaffee oder Tee?
Tee

lande immer noch Exotenstatus genießt. Fabienne Nadarajah, durch ihren Vater erblich vorbelastet, erreichte in dieser Sportart mit Schläger und Ball gar den Titel der Vize-Europameisterin (Jugend). Und: „Schwimmen ist und bleibt eine Einzelsportart", kennt Nadarajah die Gesetzmäßigkeiten. Sie orientiere sich deshalb nie an anderen, schaue nur auf sich. Ganz im Gegensatz zu Medienvertretern, denen sie mitunter nicht das beste Zeugnis ausstellt: „Da laufen Journalisten herum, die keine Ahnung haben, was wir in unseren Sport alles investieren. Ich trainiere praktisch zwölf Monate für gerade einmal zwei Saison-Höhepunkte. Und hier spreche ich nicht von lockeren Einheiten, wie sie beispielsweise viele Fußballer absolvieren." Für ihr Sportlerleben sei sie dennoch dankbar; von den erwähnten Schäden, die ein Arzt bei sportbegeisterten Frauen in den Raum stellte, sei sie zudem weit entfernt: „Ich habe keine Mankos, keine Schäden, keine Abnützungen." Aber eines Tages kann sich Fabienne Nadarajah doch vorstellen, das zu tun, was sie am Urlaub besonders schätzt: Am Strand liegen und „absolut gar nichts" machen. Noch hat sie genug Zeit, sich zwischen Anspannung im Chlor- und Entspannung im Salzwasser zu entscheiden.

Ströck
EasyMotion

SPAGHETTI MIT PESTO

ZUTATEN (FÜR 4 PERSONEN)

500 g Spaghetti • 500 g Pinienkerne • 250 g Parmesan
3 Handvoll Basilikumblätter • 4 Zehen Knoblauch • Olivenöl
frisch gemahlener Pfeffer • Salz

Für die Spaghetti reichlich gut gesalzenes Wasser aufstellen und die Nudeln leicht wallend kochen lassen.

•

Inzwischen Parmesan in eine Schüssel reiben. In einer Pfanne drei Esslöffel Olivenöl erhitzen und die Pinienkerne darin leicht bräunen lassen. Pinienkerne mit dem Parmesan vermischen, danach die Basilikumblätter zerteilen und in die Schüssel zu Parmesan und Pinienkernen geben. Die Knoblauchzehen schälen, in kleine würfelige Stücke schneiden und ebenfalls beimengen. Olivenöl nach Gutdünken dazu, mit Pfeffer und Salz abschmecken und alles mit einem Kochlöffel gut vermischen.

•

Sind die Spaghetti al dente, Nudeln abseihen und sofort in einer Schüssel mit dem Pesto gut vermischen. Guten Appetit!

•

Ein Tomatensalat mit Olivenöl und Aceto balsamico passt am besten dazu.

06

CLEMENS DOPPLER

Ein Doppler-Risotto – und Schwamm(erl) drüber

Für sein Schwammerlrisotto mit Blattsalat verzichtet Beachvolleyballer Clemens Doppler auf Sand. Der Doppel-Europameister mit oberösterreichischen Wurzeln nahm die Herausforderung des kulinarischen Besuchs aber ernst wie ein Match.

A1
SPORTS EXPERTS
smart
TEAM
VLS300

06

„Die schönsten Strände dieser Welt sind quasi unser Büro."

In der Küche seiner großzügig angelegten Dachgeschoßwohnung in der Nähe des Wiener Westbahnhofs macht Zwei-Meter-Hüne Clemens Doppler eine ebenso gute Figur wie auf dem Sand des Beachvolleyball-Courts. Dabei, gesteht der 31-Jährige, sei Schwammerlrisotto mit Salat für ihn die gleiche Herausforderung, wie bei einem Turnier zu überzeugen. Der Fan der italienischen Küche bedient sich eines Vergleichs: „Es ist so wie beim Volleyball: Dort ist es der Gegner, hier der Reis, die man beide immer wieder so lange einkocht, bis sie gar sind. So geht's wirklich auch am Platz zu." Während für den Wettkampfeinsatz Training, Erfahrung und taktisches Feingefühl die Grundlagen bilden, sei es beim Risotto die Suppe, die den Ausschlag für Erfolg oder Misserfolg gibt. „So gut wie die Suppe ist später auch das fertige Gericht. Wichtig ist, dass man eine recht leichte Suppe verwendet. Da sie immer wieder eingekocht wird, wäre eine kräftige – wie eine herzhafte Rindsuppe – zu schwer und intensiv im Geschmack", erklärt Doppler. Dabei sei es wirklich keine Hexerei, die Suppe für ein perfektes Risotto selbst herzustellen und auf den Brühwürfel zu verzichten. Mit Sellerie, Petersilienwurzeln, Lorbeerblättern, Senfkörnern, Wacholderbeeren, einer Zwiebel sowie Karotten bekomme man eine ausgezeichnete Basis.

CLEMENS DOPPLER

Geboren am 6. September 1980 in Steyr

Wohnort: Wien

Familienstand: ledig

Größe/Gewicht: 200 cm/86 kg

Erfolge, Halle: mit 15 Jahren jüngster Spieler in der Bundesliga, 60 Mal Nationalteam, zweimal Meister

Beach: zweimal Europameister 2003, 2007; Vize-Europameister 2010; dreimal FIVB-Semifinale

Hobbys: Musik, Filme

Motto: Schauen wir mal...

www.doppler-mellitzer.com

Red Bull
NIKE 6.0
ARBORIO

Red Bull

Jetzt wandern die Schwammerln gemeinsam mit dem Risottoreis zu den Zwiebeln in den Topf. Nach kurzem Anbraten wird das Ganze mit ⅛ Liter trockenem Weißwein abgelöscht und gewartet, bis der Wein fast komplett eingekocht ist. Nach einigen Minuten ist es soweit, und Clemens Doppler fügt das Schwammerl-Einweichwasser hinzu. Dann schöpft er achtsam rund einen halben Liter von der selbst zubereiteten Gemüsesuppe zum Reis. Bei kleiner Hitze wird jetzt alles – und zwar ohne Deckel – etwa 20 Minuten gekocht, mitunter auch etwas länger. Dabei behält Doppler das schwach köchelnde Reisgericht ständig im Auge. Immer wieder gießt er konzentriert so viel Suppe nach, dass der Reis gerade von der Flüssigkeit bedeckt ist. „In den letzten Minuten darf man auf keinen Fall mehr Flüssigkeit nachgießen, sondern man muss den Reis öfters umrühren und sämig einkochen lassen, denn sonst wird alles gatschig", mahnt er zu erhöhter Vorsicht. Denn der Reis soll noch etwas bissfest sein – al dente eben. Jetzt dürfte das Risotto so sein, wie es sich gehört, denn nach einer kleinen Kostprobe würzt Doppler gekonnt mit Pfeffer aus der Mühle und etwas Salz nach. Schnell noch ein Stückchen Butter darunter gerührt und mit klein geschnittener Petersilie und geriebenem Parmesankäse bestreut, und schon wird serviert. Denn ein echtes Risotto schmecke nur, wenn es auch wirklich heiß sei. Dazu wird von einem Sportler natürlich eine große Portion Blattsalat serviert. Ganz ohne Sand.

Red Bull
A1
SPORTS EXPERTS
smart

STEINPILZ-RISOTTO

ZUTATEN (FÜR 2 PERSONEN)

1 Tasse getrocknete Steinpilze • 1 Zwiebel • 1 EL Butter
1 EL gemahlene Steinpilze • 1 Tasse Weißwein • 1 Tasse Risottoreis
Parmesan • Gemüsebrühe • Salz • Pfeffer

Steinpilze in Wasser einweichen.
Zwiebel fein hacken. In Butter anschwitzen und Risottoreis hinzufügen.
Mit gemahlenen Steinpilzen stauben und mit Weißwein ablöschen.
Danach mit den eingeweichten Steinpilzen und der Gemüsebrühe aufgießen,
bis der Risottoreis bedeckt ist. Unter ständigem Rühren einkochen,
bis die Flüssigkeit reduziert ist und danach erneut aufgießen.
Diesen Vorgang so lange wiederholen, bis der Reis bissfest ist.
Mit Parmesan, Salz und Pfeffer abschmecken.

Tipp: Dazu empfiehlt Küchenchef Doppler KICHERERBSENSALAT. Für zwei Portionen eine Dose Kichererbsen abtropfen lassen, 2 Karotten schälen und grob reiben, ½ Stange Lauch in feine Ringe schneiden. Eine Handvoll Vogerlsalat mit den Kichererbsen, den Karotten und dem Lauch vermengen und aus Zitronensaft, frisch gehacktem Koriander, Salz, Pfeffer, Olivenöl und Balsamico-Essig eine Marinade herstellen und zum Salat servieren. Guten Appetit!

07

ELISABETH GÖRGL

Auf der Suche nach dem Kochtopf

Teflon statt Gold: Ski-Weltmeisterin Elisabeth Görgl fand zwischen Piccata milanese und der ständigen Suche nach Kochtöpfen genug Zeit, ihr Innenleben auszuleuchten. Ein kurzweiliger Abend.

wüstenrot
SKI AUSTRIA

07

„Ich bin grundsätzlich dafür, Produkte zu kaufen, die aus Österreich sind."

Eine halbe Stunde vor dem vereinbarten Kochtermin klingelt das Mobiltelefon des Autors. Am anderen Ende der Leitung: Elisabeth Görgl. „Was wollen der Fotograf und du trinken? Ich hätte Radler besorgt." Geradezu fürsorglich klingt die im Innsbrucker Stadtteil Hötting beheimatete Steirerin. Und erholt, entspannt. Eben erst ist sie vom Urlaub zurückgekehrt, mit dem sie ein selbstgegebenes Versprechen eingelöst hat: „Sollte ich was Großes gewinnen, dann reise ich einmal auf die Malediven." Seit ihren beiden Weltmeistertiteln wenige Monate zuvor in Garmisch-Partenkirchen hat sie sich im Kreis der österreichischen Ski-Nationalmannschaft als zweiter Star neben Marlies Schild etabliert – Jüngere wie Anna Fenninger sind erst auf dem Weg in diese Liga oder es mangelt ihnen noch am nötigen Profil. Und Elisabeth Görgl hat zweifelsohne Profil.

Als sie wenig später am vereinbarten Treffpunkt erscheint, erstrahlt auf der anderen Seite des Inntals der Patscherkofel in der Abendsonne. Am Innsbrucker Hausberg, einem Hauptwohnsitz des Skiverbandspräsidenten Peter Schröcksnadel sozusagen, absolvierte sie so manche Trainingseinheit – sie gilt als Arbeitstier. Und als Perfektionistin, wie Görgl bereits beim Öffnen des Kofferraums demonstriert. Die 30-Jährige entnimmt

ELISABETH GÖRGL

Geboren am 20. Februar 1981 in Bruck an der Mur.

Wohnort: Innsbruck.

Größe: 1,66 m.

Familienstand: ledig.

Mutter: Waltraud Hecher-Görgl (zweifache Olympia-Bronzemedaillengewinnerin in der Abfahrt).

Hobbys: Singen, Tanzen, Musik, Yoga, Thaiboxen.

Größte Erfolge: Doppelweltmeisterin 2011 in Garmisch-Partenkirchen (Super-G und Abfahrt), WM-Bronze 2009 in Val d'Isère (Super-Kombination), zweimal Bronze bei den Olympischen Winterspielen 2010 in Vancouver (Abfahrt und Riesentorlauf), drei Weltcup-Siege.

praktiziert habe." Regelmäßig fällt im Gespräch das Schlagwort Energie: „Die geht verloren, wenn ich nicht mein wahres Ich leben kann." Oder – konkreter – wenn sie irgendwo Kompromisse eingehen müsse. Selektion sei gefragt, Ehrlichkeit zu sich selbst: „Ich muss mich fragen: Was tut mir gut?" In ihrem Fall sei das Yoga, gutes Essen, ein strikter Trainingsplan. Oder neue Ansätze wie Judo oder Kajak fahren.

Wieder einmal begibt sich Elisabeth Görgl auf die Suche nach Kochgeschirr. Topfklappern, Schranköffnen, ein freudiges „Hier!". So einfach war es nicht, als es um sie selbst ging. Jetzt, mit 30, sei sie sich einen Schritt näher gekommen: „Man ist gesetzter, erwachsener." Erst dieser Prozess habe den Erfolg in Garmisch-Partenkirchen ermöglicht: „Ich habe bereits seit Jahren an mir gearbeitet, und es geht Schritt für Schritt weiter. Bei Erfolgen ist es vielleicht besser sichtbar. Es geht mir aber darum, nicht nur als Sportlerin, sondern als Mensch weiterzukommen." Mit dem Essen kommt sie an diesem Abend jedenfalls weiter, die Piccata milanese nimmt Form an. Und auch sie selbst sieht sich ihrem persönlichen Ziel, ein ausgeglichener, glücklicher und in sich ruhender Mensch zu sein, nähergekommen: Dazu gehöre, dass man nicht 100.000 verschiedene Dinge mache. Dass man sich selbst treu bleibe, keine Schablone oder Rolle spiele. „Mir geht es um mich selbst und um meinen Frieden. Und wenn ich meinen Frieden habe, dann bin ich auch in meiner Mitte."

Erholung findet Sie an einem Wettkampf freien Sonntagmorgen. Da wird ausgeschlafen und ausgiebig gefrühstückt. Alles, was das Herz begehrt: von Schinken über den sonst eher selten genossenen Kaffee bis hin zu frischem Brot. Zum Essen hatte Görgl nicht immer einen direkten Draht. „Es gab Zeiten, da wollte ich körperbewusst essen und vermied jegliche Gewichtszunahme." In einem Gespräch erzählte sie einmal, Skisportlerinnen müssten sich auf Zeit von einem Stück Weiblichkeit trennen. Und als Skifahrerin könne man keine dünnen Beine wie ein Model haben. Mit diesem Thema habe sie mittlerweile Frieden geschlossen, sagt sie, wenngleich Gewicht in einer auf Geschwindigkeit ausgelegten Sportart aus physikalischen Gründen immer eine Rolle spielt. Eine Zeit lang hieß es sogar, der Weg zum Sieg führe über den Esstisch. Ex-Kollegin Alexandra Meissnitzer, selbst einmal Doppel-Weltmeisterin und mittlerweile Co-Moderatorin im ORF, sagte das in einem ihrer früheren Interviews. Und die kroatische Seriensiegerin Janica Kostelic, mittlerweile zurückgetreten und Inhaberin eines Schönheitssalons, hält nicht viel vom allgemeinen Leistungsniveau der Ski-Damen. Mit zunehmend anspruchsvolleren Strecken hat man sich dieses Eindrucks in den vergangenen Saisonen jedoch erfolgreich erwehren können. Die Pisten gehören mittlerweile Siegertypen wie Elisabeth Görgl. Um zu siegen, braucht es freilich viele psychische wie physische Voraussetzungen. Und Ernährung – im besten Fall hochwertig und nicht hochkalorisch – ist nur eine davon. Görgl winkt ab: „Ich denke, einen schönen Körper zu haben. Vor allem ist er gesund und sehr leistungsfähig." Skifahren und Weiblichkeit, das sei jedenfalls kein Widerspruch: „Ich trage auch gerne einmal ein Ballkleid", meint sie und grinst.

Dem Vorwurf, schwierig zu sein, wird Elisabeth Görgl während des mittlerweile zweistündigen Kochvorgangs nicht gerecht. Sie selbst will das Attribut auf Nachfrage „Endlich einmal gestrichen und durch „individuell" ersetzt wissen. „Man muss nicht alle Menschen über einen Kamm scheren. Gerade in einem Individualsport muss jeder das Recht haben, so zu sein, wie er ist: mit seinen Fehlern wie mit seinen guten Seiten, mit seinen Stärken und seinen Schwächen." Das würde mancher fälschlicherweise mit Egoismus gleichsetzen. Görgl fordert darum mehr Toleranz: „Es gäbe weniger Neid und man würde sich nicht auf den Schlips getreten fühlen, wenn der andere nicht gerade das macht, was man sich vorstellt."

WORDRAP

Bier oder Wein?
Es kann beides sein.

Ketchup oder Mayonnaise?
Kann ausnahmsweise beides einmal sein.

Selber kochen oder kochen lassen?
Je nach Lust und Laune

Mikrowelle oder Backrohr?
Auf jeden Fall das Backrohr

Pommes frites oder Kartoffeln?
Kartoffeln

Küche oder Wohnzimmer?
Es kann zum Frühstück auch das Schlafzimmer sein.

Als die Rede auf ihre Zukunft kommt, sitzt die Gesellschaft bereits am Esstisch: Radler, Salat, Prosciutto und Melone sind schon serviert, die Piccata milanese wird gerade aufgetragen. Nach den Winterspielen 2014 sei Schluss, sagt Görgl. Und dann kann sich die Teilzeitmusikerin vorstellen, ihrem Debüt als Sängerin des WM-Songs 2011 („You're The Hero – Between Heaven And Hell“) etwas Ähnliches folgen zu lassen. Singen sei eine Möglichkeit, sich auszudrücken. Wie Tanzen. Oder Sport. Oder Kochen.

wüstenrot
A1
Kronen
Zeitung

PICCATA MILANESE

ZUTATEN (FÜR 4 PERSONEN)

FÜR DIE PICCATA

4 Kalbsschnitzel • 250 g Spaghetti • 100 g Parmesan, frisch gerieben
5 Eier • 100 g Mehl • Öl *(oder Butterschmalz)* zum Backen

FÜR DAS SUGO

2 EL Olivenöl • 1 Zwiebel, fein geschnitten
3 Zehen Knoblauch, fein würfelig geschnitten • 1 kg Tomaten • Thymian
Miso-Paste *(oder Brühwürfel)* • Salz • Pfeffer

Für das Sugo Öl in einem Topf erhitzen, Zwiebel und Knoblauch darin anschwitzen. Tomaten blanchieren, schälen, kleinwürfelig schneiden und mit Thymian und Miso-Paste zufügen, etwas einkochen, mit Salz und Pfeffer würzen.

•

Schnitzel klopfen und salzen. Eier verquirlen, mit Parmesan verrühren. Schnitzel in Mehl wenden, danach durch das Ei-Parmesan-Gemisch ziehen und in fingerhoch Fett herausbacken.

•

Spaghetti al dente in reichlich Salzwasser kochen, abseihen, und sofort auf vorgewärmten Tellern verteilen.

•

Jeweils einen Schöpflöffel Sugo über die Nudeln geben, Fleisch darauf anrichten und mit einem Blatt Basilikum garniert servieren.

08

KILIAN FISCHHUBER ANNA STÖHR

Leicht allein kommt nicht nach oben

Die beiden Kletterer Anna Stöhr und Kilian Fischhuber eint Studium, Passion, Erfolg und Privatleben. Das Rinderfilet auf Portweinsauce gingen die beiden bei unserem kulinarischen Besuch als Seilschaft an.

Recheis
Red Bull
sport hilfe
wüstenrot
for winners with future
AUSTRIA
öwk
OEAV
Oesterreichischer Alpenverein
TENCEL
AUSTRIA
bundesheer
N
NIEDERÖSTERREICH
VAUDE
VA
EDELRID
öwk
OEAV
Oesterreichischer Alpenverein
TENCEL

08

„Der stärkste Kletterer kann gegen einen Schnittlauch chancenlos sein."

Die Zeit, als Klettern wie in einem Bergsteiger-Film mit Luis Trenker aussah, ist vorbei. Mittlerweile teilt sich die Szene in Sport- und Alpinkletterer. Die beiden Lager unterscheiden sich voneinander vor allem durch unterschiedliche Philosophien. Und im Lager der Sportkletterer gibt es wiederum mehrere Gattungen: die Speedkletterer – sie suchen den schnellsten Weg nach oben; die Vorstiegskletterer – sie suchen mit Seilsicherung von unten den Weg zum Gipfel. Oder die Boulderer, deren Zunftbeste Kilian Fischhuber und Anna Stöhr heißen. In Absprunghöhe, gesichert durch Matten und ohne Seilsicherung, müssen technisch anspruchsvolle Routen bewältigt werden. Den obersten Griff gilt es mit beiden Händen für drei Sekunden festzuhalten, um den Kletterversuch nach einem mitunter langen Schrei der Befreiung gültig sein zu lassen.

„Kein Wettbewerb gleicht dem anderen. Der stärkste Athlet kann in unserem Sport gegen einen Schnittlauch chancenlos sein", erzählte Kilian Fischhuber einmal in einem Interview. Die ständig unterschiedlich gesetzten Boulder, die Griffe also, machten den Unterschied aus. Das sei wie bei Hermann Maier, der, obwohl lange Zeit weltbester Skifahrer, auf manchen Strecken im Nirgends gewesen sei. „Bouldern ist Kopfsache.

ANNA STÖHR

Geboren am 25. April 1988
in Reith im Alpbachtal

Wohnort: Innsbruck

Trainer: Rupert Messner

Verein: OEAV-Sektion Innsbruck

Beruf: Boulderin, Sport- und Englisch-Studentin

Erfolge: Weltmeisterin 2007, 2011. Weltcup-Gesamtsiegerin 2008, 2011. Europameisterin 2010

www.anna-stoehr.at

KILIAN FISCHHUBER

Geboren am 1. August 1983.
in Waidhofen/Ybbs

Wohnort: Innsbruck

Trainer: Rupert Messner

Verein: OEAV-Sektion Waidhofen/Ybbs

Beruf: Boulderer, Sport- und Englisch-Student

Erfolge: fünffacher Weltcup-Gesamtsieger (2005, 2007, 2008, 2009, 2011), Vizeweltmeister 2005

www.kilian-fischhuber.at

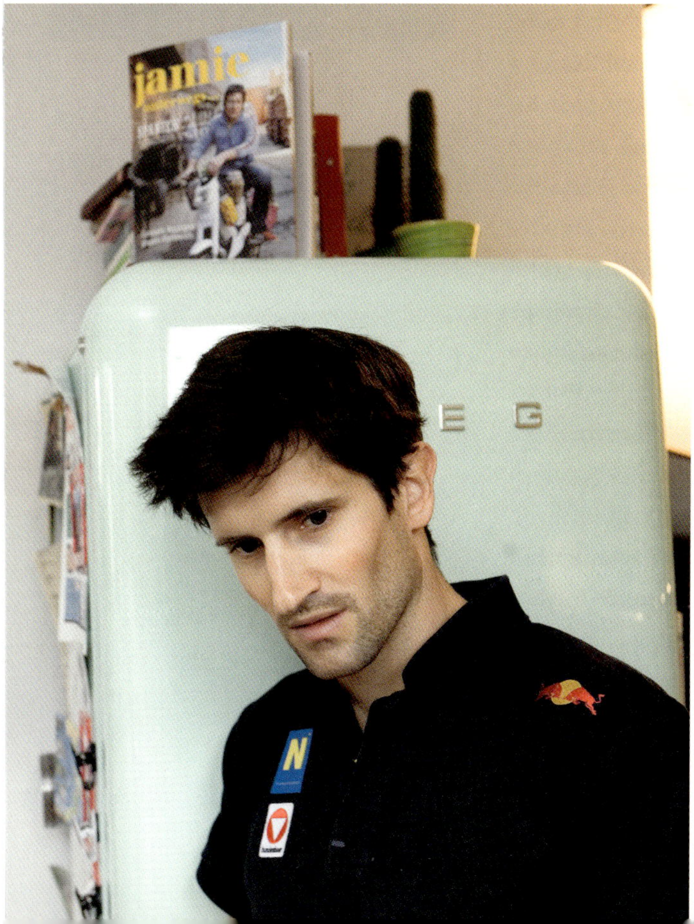
jamie

Beim Kochen versorgen sich die beiden gegenseitig mit Tipps, wobei Anna zugibt: „Es gehört nicht zu meinen Stärken." Sie mag keinen Käse, außer in geschmolzener Form. Sie liebt Süßigkeiten und alles, was schnell geht. „Also auch Fast Food." Wenngleich Kochen in den eigenen vier Wänden nicht fehlen darf. Morgens lassen es die beiden Heeressportler gemütlich angehen: Aufstehen um 6.45 Uhr, dann die Standeskontrolle, ehe der Weg zum Bäcker folgt. Wer in der trainingsintensiven Phase 20 Stunden wöchentlich in der Wand steht, wem intensive Krafteinheiten bevorstehen, der bedarf eines Energieschubs. Und dazu gehören auch Topfengolatschen. Kilian erinnern die beim Kochen eingesetzten Utensilien an seine Erfolge – für jeden einzelnen Gesamtweltcupsieg wurde ihm etwas mit persönlicher Widmung überreicht: Schneidbrettl, Apfelteiler, Kochlöffel ...

Das Rinderfilet bräunt zusehends, der Exkurs abseits des Backrohrs geht ins Finale. Wann ist Schluss mit Klettern? Jenem Sport, deren Szene Anna als „eine Familie" bezeichnet? Die keine Gegner, nur Freunde kenne, weil man beim Klettern sein eigener Gegner sei? Fischhuber: „Ich werde den Sport nie als meinen Beruf sehen, sonst geht der Spaß verloren." Und Spaß – davon habe man genug: „Wir können unseren Traum leben, auch wenn das die Studiendauer verlängert. Ich betreibe meinen Sport und verdiene auch noch Geld damit: Was kann es Schöneres geben?", erzählte er einmal. Deshalb sei es auch nicht von großer Bedeutung, ob der Sport eines Tages ins olympische Programm aufgenommen werde. „Man darf Klettern nicht um 180 Grad drehen, nur damit es olympisch ist." Sicherheit sei auch kein Faktor, eine 100-prozentige gebe es in der Wand nicht. Darüber macht sich Kilian Fischhuber gar keine Illusionen. Zum Beweis führt der 28-Jährige zwei Erlebnisse an: „In Chamonix schlug einmal neben mir ein Eispickel ein, in Südafrika begegnete ich auf dem Weg zum Fels einer Kobra." Ein Ablaufdatum ist also nicht in Sicht. Und außerdem: Der amtierende Weltmeister ist 37 Jahre alt, der Zweitplatzierte war bei seinem Medaillengewinn 18. Noch Fragen?

WORDRAP ANNA STÖHR

Bier oder Wein?
Bier

Ketchup oder Mayonnaise?
Ketchup

Selber kochen oder bekocht werden?
Bekocht werden

Mikrowelle oder Backrohr?
Backrohr

RINDERFILET AUF PORTWEINSAUCE

ZUTATEN (FÜR 4 PERSONEN)

1 Zehe Knoblauch • 200 g Schalotten • 500 g Rinderfilet • 2 EL Butterschmalz
1 Zweig Rosmarin • 3 EL Zucker • 500 ml roter Portwein
7 Zweige Thymian • 5 Gewürznelken • Kerbelblättchen

Die Knoblauchzehe ungeschält leicht andrücken, zwei Schalotten halbieren. Backrohr auf 120 °C vorheizen. Rinderfilet in einer Pfanne in Butterschmalz von allen Seiten gut anbraten. Thymian- und Rosmarinzweige mit den Schalotten und dem Knoblauch zum Filet geben und weiterbraten.

•

Zutaten auf ein mit Alufolie ausgelegtes Backblech geben und im Backrohr auf mittlerer Schiene 45 Minuten garen.

•

Restliche Schalotten schälen. Zucker in einem Topf bei mittlerer Hitze hellbraun karamellisieren lassen und mit rotem Portwein ablöschen. Drei Thymianzweige und die Gewürznelken dazugeben. Die Schalotten hinzufügen und bei mittlerer Hitze weich garen.

•

Portwein-Schalotten herausnehmen und beiseite stellen. Sauce ohne Deckel auf 100 ml einkochen lassen. Dann durch ein feines Sieb drücken und Portwein-Schalotten wieder hinzufügen.

•

60 g kalte Butterwürfel zum Binden in die Sauce rühren. Kurz bevor das Filet gar ist, die Sauce nochmals erwärmen. Filet in Scheiben schneiden, mit der Sauce anrichten und mit Kerbelblättchen garniert servieren.

09

CHRISTIAN FUCHS

Am Herd schaltet Fuchs ab

Der Zeitpunkt unseres kulinarischen Besuchs bei Team-Fußballer Christian Fuchs ist denkbar ungünstig: unmittelbar nach einer 1:2-Niederlage gegen Deutschland. Beim Uhudler-Brat'l mit Brodana Semmelstrudel vergaß der Niederösterreicher kurzfristig den Misserfolg.

uhudler

09

„Ich bin ein richtiger Obsttiger, der am liebsten zu Exotischem greift."

Jeder hat eine Leidenschaft, der er sich in seiner Freizeit widmet. Für Christian Fuchs, den Kapitän der österreichischen Fußballnationalmannschaft, ist es das Kochen. Dabei kann er abschalten und die Gedanken neu ordnen. Und zu ordnen gibt es im heimischen Fußball genug. Da ist die regelmäßige innere Einkehr nicht von Nachteil. Doch für den sympathischen Wiener Neustädter verläuft die Karriere derzeit ganz nach Plan. Eben hat er mit seinem Wechsel zu Schalke 04 für Aufsehen gesorgt. Bei Schalke fühlt er sich auch schon fast so daheim wie in seinem Heimatort Pitten. Von dort ist er einst ausgezogen, um die Fußballwelt zu erobern – erst nach Mattersburg, dann nach Mainz und jetzt in den Ruhrpott.

Für unseren kulinarischen Besuch ist er nach dem Deutschland-Länderspiel und etwas Frust in das sonnigste Bundesland der Republik, genauer gesagt auf den Hannersberg, zurückgekehrt. In der großen Küche hat er auch genügend Platz, um sein berühmtes Uhudlerbrat'l mit Brodana Semmelstrudel zu zaubern. Für ihn als Sportler ist eine ausgewogene Ernährung immens wichtig, aber manchmal darf es auch etwas deftiger sein. „Die Hektik des Alltags treibt uns an, der Stress raubt die Kraft – jeder von uns muss immer mehr in immer kürzerer Zeit erledigen, da braucht man einen Ort, an den man sich zurückziehen und wo man für eine

CHRISTIAN FUCHS

Geboren am 7. April 1986 in Neunkirchen

Größe/Gewicht: 1,86 m/80 kg

Familienstand: verheiratet mit Michaela

Vereine: SvG Pitten, SC Wiener Neustadt, SV Mattersburg (2003-2008), VfL Bochum (2008-2010), FSV Mainz 05 (2010-2011), FC Schalke 04 (seit Sommer 2011)

Nationalteam: 40 Länderspiele/1 Tor – Debüt am 23. Mai 2006 in Wien beim 1:4 gegen Kroatien

Nachwuchs: 8 U21-Länderspiele, 7 U19-Länderspiele, 21 U17-Länderspiele

Position: Linker Außenverteidiger

Größte Erfolge:
* 2003 U17-EM-Bronze
* 2008 EM-Teilnahme mit dem ÖFB-Team
* 2011 Fünfter Bundesliga-Endrang mit Mainz

uhudler

uhudler

Auch der Semmelstrudel sieht schon appetitlich aus. Hier herrscht ebenfalls Verbrennungsgefahr, aber der Einsatz hat sich gelohnt – goldbraun ist er geworden. Jetzt wird's nicht nur ernst, sondern auch spannend: Die Zeit des Anrichtens und Verkostens steht unmittelbar bevor. In der Zwischenzeit ist auch der frühere Bundesliga-Torhüter Robert Almer vorbeigekommen – er dürfte den Braten gerochen haben. Ja, er ist gelungen, denn das Fleischmesser teilt das Fleisch, als ob es durch Butter gezogen würde. Pro Portion werden zwei Scheiben Fleisch mit Bratensaft und Semmelstrudel angerichtet. Dazu wird – erraten – Uhudler gereicht. Denn von diesem südburgenländischen Wein könne man eigentlich nicht zu viel trinken, meint der Kapitän. Und für einen Moment rückt die letzte Niederlage in den Hintergrund ...

WORDRAP

Bier oder Wein?
Wein

Ketchup oder Mayonnaise?
Ketchup

Selber kochen oder bekocht werden?
Bekocht werden;-)

Mikrowelle oder Backrohr?
Backrohr

UHUDLERBRAT'L

ZUTATEN (FÜR 6 BIS 8 PERSONEN)

2–3 kg Schweinsschopf • 2–3 Karotten • 2–3 gelbe Rüben • ½ Sellerie
½ Stange Lauch • 1–2 Zwiebeln • 1 zerdrückte Zehe Knoblauch
oder 1 EL Knoblauchpüree • 1 EL Estragon-Senf
2 EL Tomatensauce *(Arrabiata)* • 500 ml Uhudler • 1 Prise Zucker
ca. 1 l Gemüsebrühe • 1 EL Schweinsbratengewürz
2 EL Maizena zum Binden • Salz

Den Schopf einen Tag vor der Zubereitung mit Salz, Knoblauchpüree, Senf und Schweinsbratengewürz beizen.

•

Fleisch bei 180 °C ca. 2,5 bis 3 Stunden braten. Alle 30 Minuten mit Uhudler und Gemüsebrühe übergießen. Fleisch aus der Pfanne nehmen, den Saft in einen Kochtopf geben und mit Gemüsebrühe auf ca. 1,5 l auffüllen. Den restlichen Uhudler dazugeben, das Gemüse gewürfelt beimengen, Tomatensauce und Zucker dazugeben. Mit Maizena binden und abschmecken. Pro Portion 2 Scheiben Fleisch mit Bratensaft anrichten.

BRODANA SEMMELSTRUDEL

ZUTATEN

1 Pkg. Fertigblätterteig • 100 g Chili- oder Kräuterfrischkäse
250 g Semmelwürfel • Knoblauch • 250 ml Milch • 1 Gemüsebrühwürfel
3 Eier • Salz • Pfeffer • 2 EL Kräuter *(TK oder frisch)* • 1 Zwiebel

Alle Zutaten vermengen und rasten lassen, bis die Semmelwürfel weich sind. In den Blätterteig füllen, mit Ei bestreichen und bei 180 °C ca. 40 Minuten backen.

10

ANDREAS & WOLFGANG LINGER

Von Doppel-Olympiasiegern und Wok-Weltmeistern

Zwei olympische Goldmedaillen adeln die Brüder Andreas und Wolfgang Linger in der detailverliebten Welt des Kunstbahnrodelns. Geändert hat sich dadurch im Leben der geerdeten Absamer wenig, wie sie beim Wok-Kochen erzählen.

Tyrol
GOOD TUNES

10

„Nach einem Streit suchen wir immer nach einer gemeinsamen Lösung."

Kunstbahnrodeln gilt als winterliches Nischenprogramm mit Tradition; als Wirkungsstätte einiger neuzeitlicher Gladiatoren, die selbst in Geschwindigkeitsbereichen jenseits der 100 km/h noch Potenzial zur Tempoerhöhung finden. Knapp zwei Dutzend Anlagen weltweit bieten ihnen sportliche Heimat, zumeist sind es die entlegenen Ecken in schattenbedingt waldigen Gegenden, die Andreas und Wolfgang Linger aufsuchen. Die Speisekarten der wenigen Gastronomiebetriebe vor Ort leiten zur Zurückhaltung an: „In Russland passierte es zuletzt, dass uns Spaghetti mit Ketchup serviert wurden", erzählt Wolfgang, der etwas Lautere der beiden. Als er dem Gesicht des Autors dieser Zeilen ungläubiges Staunen entnimmt, fährt er mit einem Lächeln fort: „Der Hunger reißt dir das schon runter." Das gilt auch für die in der Rodel-Szene bereits legendären Spaghetti in einigen deutschen Hotels: „Die sind wohl um 12 Uhr mittags al dente, wir essen sie um 12.30 Uhr." Mit Zusatzernährung würde man sich an bestimmten Orten „drüberretten", ergänzt Andreas, um nachzulegen: „Wir leben in Österreich eben in einem Land der Seligen."

Die Rodel-Destinationen liegen in vielen Fällen fernab nobler Hotelburgen, wie sie etwa Skifahrer in teuren Ski-Resorts gewohnt sind. „Aber das weiß

ANDREAS LINGER:

Geboren am 31. Mai 1981 in Hall in Tirol

Wohnort: Absam/Tirol

Größe/Gewicht: 1,84 m/80 kg

Familienstand: Freundin Manuela

Verein: RV Swarovski Halltal Absam

Hobbys: Golf, Tennis, Bergsteigen, Lesen

Größte Erfolge (jeweils mit Bruder Wolfgang): Olympia-Gold: 2010 in Vancouver/Whistler, Gold 2006 in Turin.

WOLFGANG LINGER:

Geboren am 4. November 1982 in Hall in Tirol

Wohnort: Absam, Tirol

Größe/Gewicht: 1,77 m/72 kg

Familienstand: Freundin Martha

Hobbys: Bergsteigen, Mountainbike

www.linger-linger.at

GENUINE

WOK-PFANNE MIT CHAMPIGNONS

ZUTATEN (FÜR 2 PERSONEN)

150 g Wok-Nudeln • 250 g Champignons • 2 Zwiebeln • 1 Stange Porree
2 Zehen Knoblauch • 3 Tomaten • 2 TL Chilisauce • Salz • Pfeffer
2 EL Sojasoße • 125 ml Gemüsebrühe • 2 EL Olivenöl • Cayennepfeffer
Paprikapulver

Die Zwiebeln und die Knoblauchzehen fein hacken, den Porree in Finge schneiden, die Tomaten vierteln und die Champignons blättrig schneiden.

•

Eine Wok-Pfanne stark erhitzen, Öl einfließen lassen und Zwiebeln und Knoblauchzehen anrösten. Tomatenstücke und Champignons hinzufügen und kurz mitbraten. Gewürze und Sojasauce beimengen.

•

Nudeln in 3 Minuten bissfest kochen, mit dem Gemüse vermengen und mit der Gemüsebrühe ablöschen; gut durchrühren und auf kleinster Stufe ca. 4 Minuten kochen.

•

Abschmecken und sofort servieren.

11

JASMIN OUSCHAN

Es begann in einem Gasthaus

Seit Jasmin Ouschan hierzulande ein gewisses Maß an Bekanntheit erlangt hat, ordnet man den Billardsport nicht mehr ausschließlich der Gasthauskultur zu. Die Kärntnerin professionalisierte ihre Leidenschaft, um aus ihrem Traum- einen Brotberuf zu machen.

11

„Ich wollte immer einen Einzelsport ausüben, bei dem ich für Fehler selbst verantwortlich bin"

Jasmin Ouschans Geschichte nimmt ihren Anfang im Klagenfurter Traditionsgasthaus der Familie, das bekannt ist für seine Hausmannskost. Vater Albin stellte seiner dreijährigen Jasmin in der dem Gasthaus angeschlossenen Billardclubräumlichkeit, dem Vereinslokal des Pool-Billard-Clubs Eintracht Klagenfurt, einen Spieltisch in kleinerer Ausführung auf. Sozusagen eine in die Wiege gelegte Leidenschaft: Früher hieß es sogar, sie sei regelmäßig auf einem der Wettkampftische gewickelt worden. Und auch mit sechs Jahren hörte sie nicht auf, von den „bunten Kugeln" zu sprechen, während sie auf einem Hocker neben den Tischen für Erwachsene saß. Von der Ebentalstraße 100 am Rande der Landeshauptstadt aus sollte Jasmin die Männerdomäne erobern. „Ich wollte immer einen Einzelsport ausüben, bei dem ich für Fehler selbst verantwortlich bin." Man müsse nämlich ein Egoist sein, um die bunten Kugeln aus der neonbeleuchteten Oberfläche im Dunkel eines Lochs verschwinden zu lassen.

Für unseren kulinarischen Besuch lädt die junge Frau in den elterlichen Gasthof ein. Die Mittzwanzigerin ist eine Kosmopolitin, die einen Großteil des Jahres im Ausland verbringt. Welche Ansprüche stellt nun eine Dame an ihr Essen, die ständig auf Achse ist und mit zahlreichen

JASMIN OUSCHAN

Geboren am 10. Jänner 1986 in Klagenfurt.

Wohnort: Klagenfurt

Familienstand: ledig

Hobbys: Sport/Fitness, Tennis, Filme, Innendesign, schnelle Autos, Kochen

Trainer: Michael Neumann

Größte Erfolge: Weltmeisterin 2010 (10er-Ball), mehrfache Europameisterin, führte sämtliche Weltranglisten an, Gold bei den World Games, viermal Kärntner Sportlerin des Jahres.
Bei der EM in Zagreb holte sie alle vier Titel, 2008 gewann sie bei der Herren-WM in New York die Bronzemedaille.

www.jasmin-ouschan.com

Geschmacksrichtungen konfrontiert wird? „Alles muss schnell gehen“, stellt „Jassy“, wie sie von ihren Freunden genannt wird, klar. Daneben lege sie auf die nötige Schärfe Wert. So lauten die einleitenden Worte, bevor sie sich in der Gasthausküche ihren Eiernudeln mit Tofu und Gemüse widmet. Und sich den Fragen ihrer Gäste stellt. Die brennendste: Wie reagiert ein Mann, wenn Jasmin Ouschan ihren Queue auspackt? Wenn die Trägerin einer Weltmeisterschaftsmedaille bei den Herren (Bronze) – übrigens die erste Frau mit diesem Titel – das vermeintlich stärkere Geschlecht schwach aussehen lässt? „Einige Gegner treten mir eher skeptisch gegenüber, die finden das nicht so cool. Dabei geht es ums Können, nicht ums Körperliche.“

Bereits als kleines Kind schwärmte Jasmin Ouschan für das Spiel mit den „bunten Kugeln“. Mittlerweile gehört die Klagenfurterin zu den Besten ihrer Zunft.

Mit Glück habe Billard nichts zu tun, es gehe ausschließlich um professionelles Auftreten. Und um kontinuierliche Leistung. Auf Zufallstreffer, wie sie bei einer abendlichen Jux-Partie im Gasthaus vorkommen, darf die Klagenfurterin nämlich nicht hoffen. Sie und Michael Neumann, ihr Trainer seit ihrem sechsten Lebensjahr, wollen den Billardsport wissenschaftlich angehen. Das beinhaltet neben dem Training etwa die Simulation der Zeitverschiebung. „Dreißigmal im Jahr gilt es, mit einem Jetlag fertig zu werden. Darauf muss ich vorbereitet sein“, erzählt Ouschan. Die Weltenbummlerin sieht indes schon lange nicht mehr viel von ihren Wettkampforten: Wer jährlich 150.000 Flugmeilen sammelt, im Schnitt alle drei Monate Las Vegas bereist, dem steht der Sinn nicht mehr nach Besichtigungstouren. Aber der Blickwinkel auf ihre Heimat verändere sich, merkt die Kärntnerin an: „250 Tage im Jahr bin ich selbst Ausländerin, Themen wie den Ortstafelstreit verstehe ich nicht.“

Dem Faktor Ernährung kommt große Bedeutung zu, etwa der Flüssigkeitszufuhr beim Reisen (Wasser, Tee, Elektrolytgetränke). Oder dem Training – lockeres Laufen oder Rennradfahren, dazu Einheiten in der

union
SPORT
KÄRNTEN
SPORT
kelag

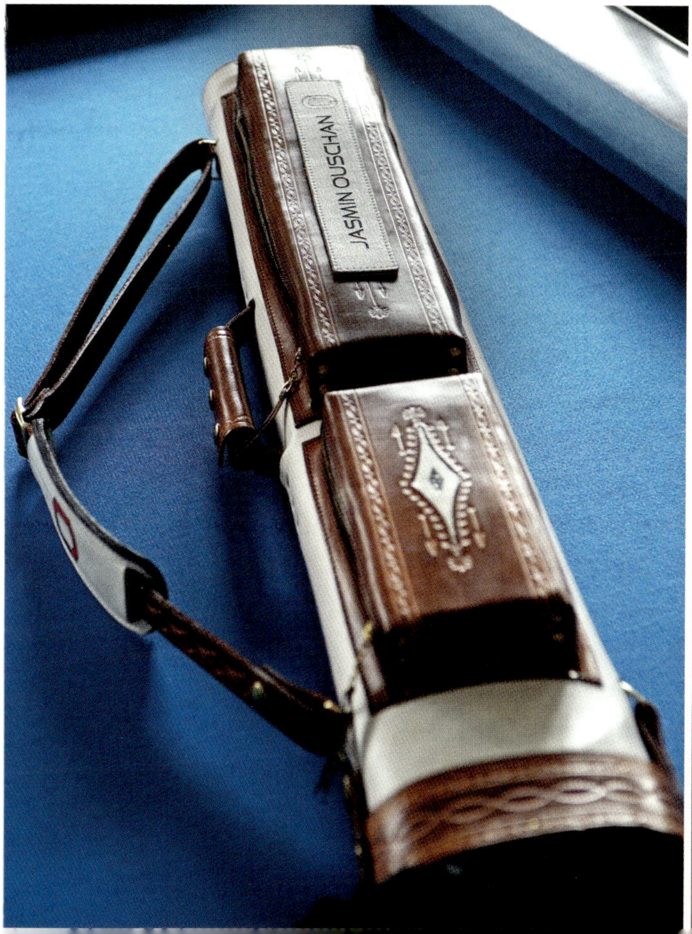
JASMIN OUSCHAN

EIERNUDELN MIT PUTE UND GEMÜSE

ZUTATEN

400 g Putenfleisch oder Tofu • 4–6 Nester Eiernudeln • 2 EL Sesamöl
225 g grüne Bohnen • 5 Möhren • 225 g Brokkoli • 1 rote Paprikaschote
115 g Mungobohnensprossen • 1 grüne Chilischote • 3 EL Rapsöl
2 Zehen Knoblauch • 1 Zwiebel • 1 TL Sambal Oelek
1 TL süße Sojasoße • etwas Meersalz

Putenfleisch bzw. Tofu in 5 x 1 cm große Streifen schneiden und beiseite stellen.

•

Nudeln nach Packungsanleitung garen, mit Sesamöl mischen und in einer Servierschüssel warm halten.

•

In einem großen Topf 1,5 Liter Wasser aufkochen. Grüne Bohnen halbieren und 3 Minuten im kochenden Wasser garen.

•

Gemüse putzen, klein schneiden, Chili hacken. Alles zu den Bohnen geben, 5 Minuten im geschlossenen Topf garen und abtropfen lassen.

•

Rapsöl in einem Wok erhitzen. Knoblauch hacken, anbraten, auf Küchenkrepp abtropfen lassen.

•

Zwiebel im Wok 2 Minuten anbraten, mit Sambal Oelek und Pute bzw. Tofu verrühren. Vorgegartes Gemüse, Knoblauch und Sprossen unterrühren und alles mit Sojasoße und Salz würzen.

•

Gemüse und Pute bzw. Tofu auf die Nudeln geben, servieren.

12

DOMINIK LANDERTINGER

Auch sündigen gehört dazu

Biathlon-Weltmeister Dominik Landertinger gönnt sich für gewöhnlich wenig Freiraum beim Essen. Köstlichkeiten wie der väterliche Heidelbeerschmarren verschmäht er nicht, auch wenn sie zu seinen Sünden zählen. Und die gehören alle heiligen Zeiten zum Speiseplan.

bundesheer
sport hilfe

12

„Es muss mir immer schmecken!"

Minus 20 Grad im schwedischen Östersund, wo der Auftakt zum Biathlon-Weltcup 2010 stattfindet. Doch die Schlagzeilen drehen sich nicht um die Sportler, sondern um verunreinigtes Trinkwasser. 1500 Einwohner der 45.000-Einwohner-Stadt in Mittelschweden haben sich bereits krankgemeldet, die Behörden befürchten mehr als 3000 Infektionen, das Mineralwasser in Flaschen ist bereits ausverkauft. „Ich war jetzt schon in vier Läden, aber nirgendwo gibt es mehr welches“, erzählt der norwegische Teamchef Per Arne Botnan. Man halte sich vom Wasser aus dem Hahn fern und putze Zähne mit Flaschenwasser. Selbst unter der Dusche sollte der Mund geschlossen bleiben, berichten Nachrichtenagenturen. Als Verursacher wird der Parasit Cryptosporidium ausgemacht, der Fieber, Durchfall und Magenschmerzen verursacht. Quer durch alle Nationen klagen Sportler über Beschwerden, das Engagement der Behörden kommt zu spät. Inkubationszeit: bis zu neun Tage. Leidenszeit? Im Fall des Tirolers Dominik Landertinger, Biathlon-Weltmeister 2009, eine ganze Saison. Die Frage, wo es denn aus seiner Sicht das beste Essen gebe, beantwortet sich damit bei unserem kulinarischen Besuch von selbst: „Bei uns in Österreich!“ Der Hochfilzner versucht zwar, seine Abwehrkräfte mit Grantnwasser, also heißem Preiselbeersud, wieder auf

DOMINIK LANDERTINGER

Geboren am 13. März 1988 in Braunau

Lebensmittelpunkt: Hochfilzen, Pillerseetal; bin schon als kleines Kind nach Tirol gezogen und fühle mich als Tiroler ;-)

Wohnort: 6395 Hochfilzen/Tirol

Familienstand: ledig

Größe/Gewicht: 188 cm/78 kg

Trainer: Reinhard Gösweiner

Ausbildung: Maschinenbautechniker

Hobbys: Radfahren, gute Musik, Autos, XBOX 360

Club: Heeressportverein Hochfilzen

Biathlon: seit 1999 – im OESV-Kader seit 2002

Größter Erfolg:
Biathlonweltmeister 2009

Heidi

PUMA

13

DANIELA IRASCHKO

und die Chaostheorie

Die Skisprung-Weltmeisterin aus der Steiermark präsentiert Mamas Wok-Gericht und Papas Eigenkreation.

13

„Ich ess, was schnell geht, bei mir ist irgendwie alles Wok."

Warum Daniela Iraschko ausgerechnet die Zubereitung in asiatischen Stahlpfannen bevorzugt? Womöglich verbirgt sich die Antwort auf diese kulinarische Frage hinter den Initialen W-O-K und die stehen ausnahmsweise für Weltmeisterin Ohne Konzept. Diese Vermutung entspringt weniger einer Beobachtung als einer Selbstdefinition, die sich die Skisprung-Weltmeisterin sogar mit Tinte besiegeln ließ. Die chinesischen Schriftzeichen für „Chaos" zieren den Nacken der jungen Frau, die von sich behauptet: „Normal zu sein, das ist mir zu gewöhnlich." Die Steirerin kokettiert mit dieser Lebenseinstellung und erhob sie auf ihrer Homepage gar zum „Lebensmotto": „Es ist besser, eine Sekunde zu leben, als ein Leben lang nur zu existieren." Der Endzwanzigerin ist so gesehen vieles einerlei; ein Einheitsbrei – um in der Küchensprache zu bleiben – dürfe ihr Leben jedoch keiner sein. Ihr Lieblingsrezept spiegelt das wider: eine Improvisation aus Chilisauce und Putenfleisch, schmackhaft, scharf und ob seiner Farbenvielfalt auch etwas fürs Auge.

Als Daniela Iraschko die Tür zu ihrer Innsbrucker Garçonniere öffnet, um den Gästen ihre Kochkunst zu zeigen, redet die Steirerin erst gar nicht lange um den heißen Brei herum: „Nennt mich doch einfach ‚Pinkie'!" Ein Spitzname, der auf die bunten Haare der Naturblonden zurückzu-

DANIELA IRASCHKO

Geboren am 21.November 1983 in Eisenerz (St)

Wohnorte: Eisenerz/Innsbruck

Größe/Gewicht: 1,64 m/54 kg

Familienstand: ledig

Verein: WSV Eisenerz

Hobbys: Fußball, Squash, Rollerskates, Freunde

Erfolge, Weltmeisterschaft: Gold 2011 in Oslo, Vierte 2009 in Liberec (erste WM für Damen); Kontinentalcup: 40 Siege, Gesamtsiegerin 2009/10, 2010/11; Universiade: Gold 2005 und 2007; Ladies-Grand-Prix: Gesamtsiegerin 2000.

Besonderes: Iraschko erreichte als erste Frau die 200-m-Marke (200 m am Kulm am 29. Januar 2003)

www.daniela-iraschko.com

渾
沌

führen ist und an diesem Nachmittag auch für das von ihr angedachte Gericht steht. Also weit weg von jenem geradezu behäbigen Dunkelgrün, das dem in ihrer engeren Heimat so beliebten Kernöl ähneln würde. „Damit hab ich nichts am Hut", winkt die Exekutivbeamtin in Ausbildung beim Gang in die Küche ab. Worte, die verwundern. Denn Mutter Helga betreibt zuhause in Eisenerz das Schwimmbadrestaurant „Experior", was auf Experimentierfreudigkeit schließen lässt. Sie probiert gerne neue Kreationen nicht zuletzt mit Kernöl, welches angesichts der regionalen Besonderheit geradezu als Treibstoff dieser Gaststätte vermutet werden darf. Selbst Vater Peter, ein Konditormeister, bedient sich des steirischen Kulturguts, es zu umgehen falle schwer. Kernöl, erzählt Daniela Iraschko, kombinierte mancher Landsmann sogar mit Vanille. „Wem kann so was schmecken?", fragt sich die Sportlerin mit leicht säuerlichem Blick. Ihrem Vater verdankt Daniela wohl eine besondere Leidenschaft: „Süßspeisen – da bin ich super. Im Essen." Sein letzter Coup nannte sich Goldschnitte, eine cremebeladene Kalorienbombe mit Banane und Alkohol. Just als sich seine Tochter den Weltmeistertitel im Skisprung sicherte, wartete der Konditor mit seiner Erfindung auf.

Daniela Iraschko hantiert weiter in der Enge ihrer Küche. Ihr sportlicher Aktionsradius führt sie um die halbe Welt, zuhause beschränkt sich dieser auf 37 Quadratmeter, Herd und Anrichte inklusive. Der von ihr gehaltene Skiflug-Weltrekord für Frauen liegt bei exakt 200 Metern, ihre Wohnküche ließe sich damit geschätzte 28 Mal durchschreiten. Platz bleibt also wenig. So wenig, dass selbst eine Kehrtwendung im Beisein einiger Gäste Manövrierkunst erfordert. „Mehr kann ich mir nicht leisten", entschuldigt sich „Pinkie". Es liegt wohl auch daran, dass Skispringerinnen keine mit Geld gesegnete Spezies im sportlichen Biotop sind. „Für einen Sieg bekomme ich 300 Euro, von meinem Sponsor einen vierstelligen Betrag." Zu wenig, um sprichwörtlich weite Sprünge zu machen. Iraschko gelingt das trotzdem. Dass man sich auf 37 Quadratmetern wohlfühlt, mag aller-

Als bunter Vogel erweist sich Daniela Iraschko auf und abseits der Schanze. Die Skisprung-Weltmeisterin liebt auch auf dem Teller die Farbenpracht.

„Zuhause bin ich bei allen Freunden. Da setzt man sich zusammen, scherzt und kocht gemeinsam."

dings auch daran liegen, dass sich die Eisenerzerin überall daheim fühlt. Und dass dem Begriff Zuhause unter diesem Gesichtspunkt ein geradezu globaler Charakter zukommt. „Zuhause bin ich bei allen Freunden. Da setzt man sich zusammen, scherzt – und kocht gemeinsam." Womit sich der Kreis schließt und der Wok wieder in den Mittelpunkt rückt. Eine Pfanne landet auf dem Herd, die Zutaten sind bereits in kleine Teile geschnitten. „In den Wok kannst alles reinhauen", lächelt Iraschko. Und es befiel den Beobachter das unbestimmte Gefühl, dass die Improvisationsgabe der Tochter dem Rezept der Mutter zumindest gleichrangig gegenübersteht. Hier eine Prise Pfeffer dazu, dort eine Handvoll Cashew Nuts, wie's beliebt. In der Welt des Skispringens erweist sich die Nahrungsaufnahme als unabdingbare Ingredienz des Erfolgs. Man muss allerdings nicht mehr dem Magerwahn frönen, diesen Zeiten hatte der Ski-Weltverband mit der Einführung eines unteren Gewichtslimits ein Ende gesetzt. Wer einer Disqualifikation entgehen will, der sollte so gesehen nicht zu viel hungern. Iraschko bleibt stets ein Kilogramm über dem Limit, um keine böse Überraschung zu erleben. Ein Gang auf die Toilette würde sonst reichen, um vom Kampfrichter aus dem Bewerb genommen zu werden. Manche seien besser veranlagt, Leute wie Gregor Schlierenzauer

PETERQUELLE
mizi
OMV

etwa könnten sich quer durch das Kochbuch essen: „Dem Schlieri kannst fünf Mahlzeiten am Tag geben, der wird einfach nicht dick." Früher hieß es, ein Kilogramm Gewicht ließe sich in bis zu fünf Metern Weitenverlust umrechnen. Essen, das hatte also einmal etwas mit Ergebnissen zu tun. Daniela Iraschko verbindet damit höchstens Ökonomie: „Ich ess', was schnell geht und gut schmeckt." Manchmal darf das auch beim Fast-Food-Stand um's Eck sein: „Es muss ja nicht regelmäßig passieren." Essenszubereitung rechtfertige auch nur ein entsprechender Aufwand: „Für dich allein kochst nicht die Welt", erzählt Iraschko inmitten ihres Single-Haushalts. Auch das sei eine Frage der Ökonomie: Wer wäscht schon gerne ab – und die Wok-Pfanne beuge einem zu großen Geschirr-Gebrauch vor. Zu viel isst Iraschko genauso ungern wie zu wenig: „Es gibt Tage, da komme ich nur einmal dazu." Morgens schläft sie lieber, tagsüber widmet sie sich lieber dem Schreibtisch oder dem Trainingsraum als dem Herd. Erinnerungen an ihre Mutter werden wach: „Die hatte einmal eine Körndlphase, auch ihre Nudeln machte sie sich selbst." Die hätte man „100 Mal würzen und zehn Mal salzen müssen", der Geschmack sei dem Gesundheitsbedürfnis zum Opfer gefallen. Auch ihre Vorliebe hält Iraschko auf Kurs: Wer kein Fleisch außer Pute mag, wer Fisch bevorzugt, der hält 54 Kilogramm bei 1,64 Meter Körpergröße spielend. Nahrungsaufnahme – das hat auch etwas mit Körperbewusstsein zu tun: „Als ich einmal nur mehr 48 kg wog, gefiel ich mir selbst nicht mehr." Dabei gibt Daniela Iraschko ohnedies nicht viel auf das, was man dem weiblichen Geschlecht an Vorlieben zuschreibt. Mode interessiere sie nur am Rande, mit hohen Stöckeln würde sie sich „die Knöchel brechen". „Ich bin wohl eher eine untypische Frau", grinst die Torfrau des Fußball-Bundesligisten FC Wacker Innsbruck, die im Winter über Schanzen springt. Sie ist neben dem Fußballplatz aufgewachsen, Gender-Diskussionen führte man in ihrer Kindheit keine. Wie viele Macho-Sprüche muss man über sich ergehen lassen, bis man Skisprung-Weltmeisterin ist? „Die Sprüche kommen meistens von außen. Wenn ich als Fußballerin oder als Skispringerin meine Leistung erbrachte, wurde ich dafür respektiert. Und wenn ich was Schlechtes ablieferte, bekam ich wie alle männlichen Kollegen Kritik. Im Alter von elf Jahren war es mit der Herrlichkeit vorbei, das Regulativ verbot einen Einsatz weiblicher Spieler in der Nachwuchsmeisterschaft." Die Leidenschaft hielt an, Iraschko hatte in jenem Sport genauso Pionierstatus wie beim Skispringen. Mittlerweile steht sie im Tor des FC Wacker Innsbruck und darf sich österreichische Vizemeisterin nennen. Klischees benutzt sie für ironische Witze. So auch an diesem Koch-Nachmittag: „Ich habe mich extra nicht geschminkt, damit ich als Hausfrau durchgehe", grinst sie. Und sie habe Viagra genommen, um länger in der Küche stehen zu können. Auto fahren könne sie übrigens auch. Sie lacht über sich selbst: „Blödsinn reden fällt mir nicht schwer." Dann wird sie ernst: Irgendwann soll das Wort „Männerdomäne" aus dem deutschen Wortschatz verschwinden. Dann, wenn es normal erscheint, dass Frauen Ski springen und Fußball spielen, während die Männer zuhause kochen.

Daniela Iraschko hält kurz inne. Sie kostet ihr zubereitetes Gericht – und verzieht das Gesicht. „Versalzen!" Nüchterne Bestandsaufnahme? Oder humorvoller Nebensatz? Die Nerven verliert die Skispringerin jedenfalls nicht, allein das unterscheidet die Sportlerin Iraschko von der Köchin. „Früher flogen meinen Eltern bei schlechten Sprüngen regelmäßig meine Helme um die Ohren. Jetzt braucht es viel, dass ich aus der Haut fahre." Noch einmal führt Iraschko den Löffel zum Mund, die Mundwinkel gehen nach oben. „Genießbar", lässt sie sich entlocken. Ein fast perfektes Promidinner also. Wok – das steht für „Weltmeisterin Ordentlicher Kochkunst".

WORDRAP

Bier oder Wein?
Bier – das liegt in der Familie.

Ketchup oder Mayonnaise?
Ketchup

Selber kochen oder bekocht werden?
Beides. Und wenn ich essen gehe: Calamari.

Mikrowelle oder Backrohr?
Meistens Rohr

Pommes frites oder Kartoffeln?
Kartoffeln – oder sehr gute Pommes

Küche oder Wohnzimmer?
Küche. Nein, doch das Wohnzimmer.

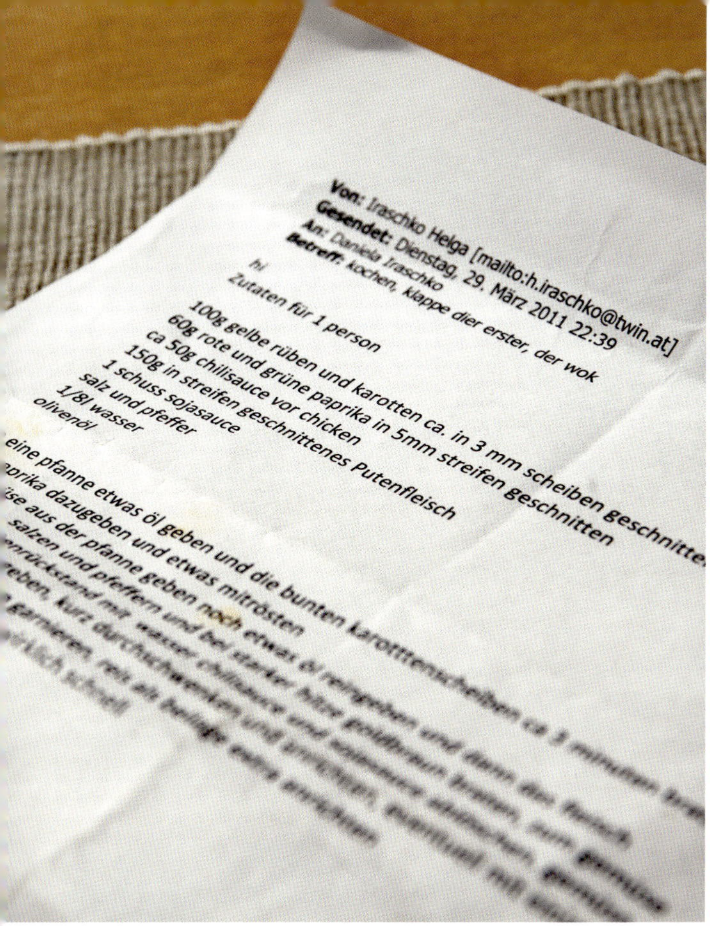
Von: Iraschko Helga [mailto:h.iraschko@twin.at]
Gesendet: Dienstag, 29. März 2011 22:39
An: Daniela Iraschko
Betreff: kochen, klappe dier erster, der wok
hi
Zutaten für 1 person
100g gelbe rüben und karotten ca. in 3 mm scheiben geschnitte
60g rote und grüne paprika in 5mm streifen geschnitten
ca 50g chilisauce vor chicken
150g in streifen geschnittenes Putenfleisch
1 schuss sojasauce
salz und pfeffer
1/8l wasser
olivenöl

WOK À LA IRASCHKO

ZUTATEN (FÜR 2 PERSONEN)

50 g gelbe Rüben • 50 g Karotten • 60 g rote und grüne Paprikaschoten
50 g Chilisauce • 150 g Putenfleisch • 1 Schuss Sojasauce • Salz • Pfeffer
125 ml Wasser • Olivenöl

Gelbe Rüben und Karotten in 3 mm dünne Scheiben, Paprikaschoten und Putenfleisch in 5 mm dünne Streifen schneiden.

•

In einer Pfanne etwas Öl erhitzen und die Karotten und Rüben ca. drei Minuten anbraten, dann die Paprikaschoten mitrösten.

•

Das Gemüse aus der Pfanne heben und das Putenfleisch anbraten, salzen, pfeffern und goldbraun werden lassen; Fleisch herausnehmen.

•

Bratenrückstand mit Wasser, Chilisauce und Sojasauce ablöschen, Gemüse und Fleisch wieder dazugeben, durchschwenken und anrichten; evtl. mit Kerbelblättchen oder Petersilie garnieren.

•

Reis als Beilage extra anrichten.

DANIES GOLDSCHNITTE

ZUTATEN

FÜR DEN TEIG

5 Eier • 250 g Kristallzucker • 125 ml Maiskeimöl • 125 ml Wasser
½ Vanilleschote • 250 g Mehl • 1 TL Backpulver

FÜR DIE CREME

500 ml Milch • 60 g Puddingpulver • 200 g Zucker • Vanille und 1 Schuss Rum
4 Blatt Gelatine • 500 g Schlagsahne

FÜR DIE SCHNEEHAUBE

4 Eiweiß • 75 g Kristallzucker • 5 g Maizena

Für den Teig Eier trennen, die Dotter mit Kristallzucker, Öl und Wasser schaumig schlagen. Mehl und Backpulver vermengen und mit dem steif geschlagenen Schnee unter die Masse heben. Auf einem mit Backpapier ausgelegten Backblech verteilen. Bei 180 °C ca. 25 Minuten backen.

•

Für die Creme aus Milch, Puddingpulver und Zucker einen Pudding zubereiten, Vanille und Rum dazugeben, Gelatine einweichen, unter den warmen Pudding geben und auskühlen lassen. Schlagsahne steif schlagen und unter den Pudding heben.

•

Für die Schneehaube Eiweiß mit ⅔ des Kristallzuckers schaumig schlagen, restlichen Zucker mit Maizena vermengen und dazugeben, gut durchrühren und die Masse in einen Spritzsack füllen. Auf ein mit Backpapier ausgelegtes Backblech in Abständen Streifen spritzen und im Backrohr bei 165 °C ca. 15 bis 20 Minuten backen.

•

Den halben Kuchen mit der Hälfte der Creme bestreichen, zweite Kuchenhälfte daraufsetzen und die restliche Creme daraufgeben. Kühlstellen. Die gebackenen Eiweißstreifen daraufsetzen, in Schnitten schneiden und mit Staubzucker bestreuen.

14

GÜNTHER WEIDLINGER

Kaiserschmarren und Peitsche

Wer wie Marathonläufer Günther Weidlinger wöchentlich 200 Kilometer und mehr zu Fuß abspult, muss sich über kalorienreiche Kost keine Gedanken machen. Dem Oberösterreicher fällt es jedenfalls nicht schwer, seine 54 Kilogramm Körpergewicht trotz seiner Vorliebe für Mehlspeisen zu halten.

bundesheer
FOREVER
TEAM
ROT-WEISS-ROT

14

„Nach meinem Österreich-Rekord freute ich mich auf ein paar Tage mit Schokolade und Kaiserschmarren."

Es ist ein schöner Tag, als das Kochteam Günther Weidlinger in dessen erst kürzlich bezogenem Wohnhaus in Weißkirchen an der Traun besucht. Hier im abgelegenen Grünen zwischen den Feldwegen fühlen sich Weidlinger, seine Frau Evelyn und die beiden Kinder, Sohn Patrice Leon und Tochter Yasmin aus Evelyns erster Ehe, sichtlich wohl. Die Tür öffnet ein lächelnder Günther Weidlinger, dem eigentlich gar nicht nach Lachen zumute sein müsste. Rückblende zum 8. Mai 2011: Beim Marathon in Düsseldorf peilte er den österreichischen Rekord an, das Limit für die Olympischen Sommerspiele 2012 in London hätte so nebenbei fallen sollen: „Nach rund 23,5 km taumelte ich bei großer Hitze an den Streckenrand und kollabierte. Ich riss mich hoch, kollabierte ein zweites Mal und rannte in die Absperrbänder." Sein Vater und Trainer hielt ihn damals fest und nahm ihn damit aus dem Rennen – erst war er darüber freilich aufgebracht, doch heute ist er ihm dafür dankbar.

Unser kulinarischer Besuch hat etwas Nostalgisches, denn immerhin assoziiert das Leichtgewicht Weidlinger mit Erfolg gutes Essen; er belohnt sich förmlich damit. Als er im Jahr 2009 die 23 Jahre alte österreichische Marathon-Bestmarke pulverisierte (2:10:47 Stunden), aß er nach dem

GÜNTHER WEIDLINGER

Geboren am 5.April 1978 in Braunau

Wohnort: Weißkirchen an der Traun

Trainer: Vater Heinrich Weidlinger

Verein: Sportunion Neuhofen/Krems

Größe/Gewicht: 169 cm/54 kg

Europarekord U23: 3000 m Hi./8:10,83 (1999)

Ö. Rekorde: 8, u.a. Marathon (2:10:47 Std./2009)

Erfolge:
u.a. Olympia-Achter 2000, Junioren-Europameister, U23-Europameister (jeweils 3000 m Hindernis), Studenten-Weltmeister (Cross), Meeting-Siege, Erfolge bei internationalen Straßenläufen, 51 Staatsmeistertitel und mehrfacher Rekordhalter.

www.guenther-weidlinger.at

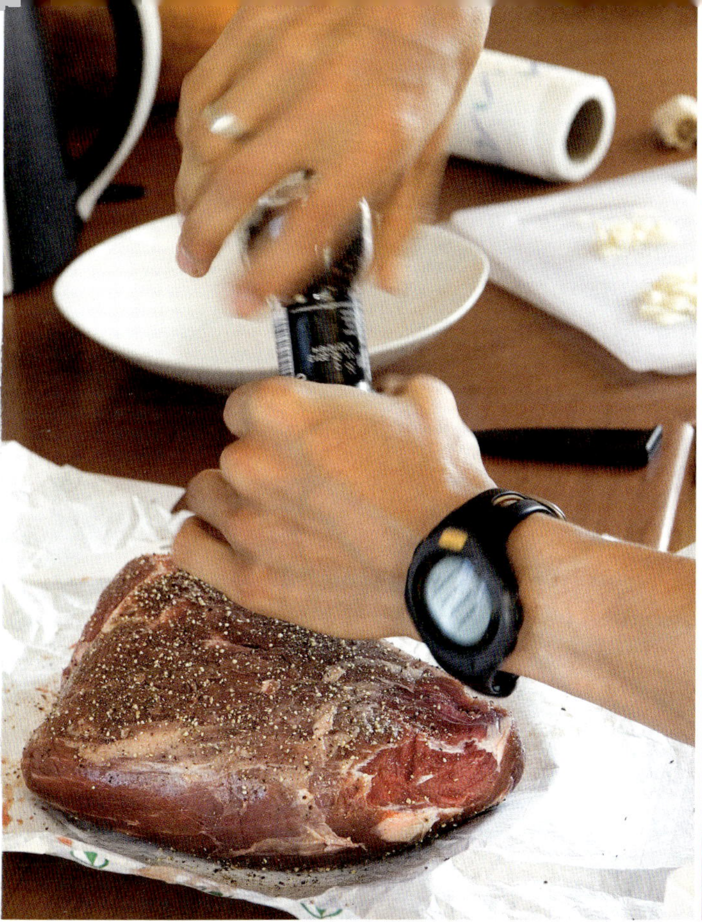

IT'S NOT
ROCKET
SCIENCE

FOREVER
NIKE

FOREVER

erst am Tag zuvor im Alter von 24 Jahren in den Tod gestürzt. Ein trauriges Einzelschicksal. Doch gibt es auch etwas, woran die ganze Branche krankt? An der Gier nach Startgeld, meint Weidlinger. Und an einer scheinbar unbelehrbaren breiten Masse, die sich dem Mythos Marathon gedankenlos ausliefere: „Viele Leute glauben, Marathon sei reine Kopfsache und etwas für alle." Dabei, so Weidlinger, sei eben nicht jeder für eine Belastung von vier Stunden und mehr geschaffen.

Während bei afrikanischen Spitzenläufern der Eindruck entstehe, sie schwebten, sei das nicht auf hiesige Verhältnisse übertragbar. Weidlinger spricht von gesellschaftlichen Entwicklungen: „Afrikaner haben keine degenerierte Muskulatur; mit einem ausgebauten Straßennetz würde es bei ihnen in ein paar Generationen allerdings genauso aussehen wie bei uns." In unseren Breitengraden sei die Gelenkstruktur oftmals nicht entsprechend, dabei käme es beim Laufen zum Aufprall mit dem zwei- bis dreifachen Körpergewicht. Weidlinger: „Zeitweise wäre es besser, es beim Halbmarathon zu belassen. Aber ich verstehe das: Den Mythos will jeder einmal erleben." So mancher Lauf-Guru forciere das auch.

Auch manche Trainingsphilosophien betrachtet Weidlinger mit einer Portion Skepsis: „Es geht vornehmlich darum, sich realistische Ziele zu setzen. Und der Spruch ‚Wer regeneriert, verliert' ist grundsätzlich falsch." Man werde nämlich nicht im Training, sondern in der Erholungsphase besser, weiß der Rekordmann. Etwas, worauf sich viele Hobbyläufer gar nicht einließen: „Die haben ja gerade mal Zeit fürs Training, aber keine Zeit mehr für die richtige Regeneration." Er selbst etwa liebe es, sich direkt nach harten Einheiten ins Eiswasser zu stellen, um so die Regeneration voranzutreiben. Und Ernährung, rundet Günther Weidlinger ab, sei auch Teil dieses Prozesses.

Der Mittdreißiger steht gerne selbst am Herd; seinen fachmännischen Handgriffen bei der Zubereitung des Filets ist das unschwer anzukennen. Zu Weihnachten mutiert Weidlinger gar zum Ausdauerkoch, da wird für die Familie drei- bis viergängig aufgetragen. Nur 2010, als sein Sohn Patrice Leon am Heiligen Abend das Licht der Welt erblickte, pausierte der Läufer. Wie lange er noch als Aktiver vor dem Christbaum stehen will? Wie lange möchte der Oberösterreicher, der seit 22 Jahren im Sport zuhause ist, noch auf die Kommandos seines Trainers und Vaters Heinrich hören? Das Jahr 2014, meint er, sei so ein magisches. Eine Medaille bei den Europameisterschaften der Erwachsenen, das wäre etwas. Im Nachwuchsbereich räumte er einst alles ab, diesen Beweis wolle er in der allgemeinen Klasse noch antreten. Spricht's und serviert ein ebenso saftiges wie knuspriges Filet. Die kulinarische Reifeprüfung hat er mit Bravour bestanden.

WORDRAP

Bier oder Wein?
Rotwein – am liebsten aus dem Burgenland

Ketchup oder Mayonnaise?
Ketchup

Selber kochen oder bekocht werden?
Wenn ich genug Zeit habe, dann auf jeden Fall selber kochen: Backofenkartoffel mit Kräutern gewürzt

Mikrowelle oder Backrohr?
Backrohr

FOREVER
TEAM

Happy Birthday!

FOREVER
TEAM

RINDERFILET
IM STEINPILZ-KRÄUTER-SCHINKEN-MANTEL

ZUTATEN (FÜR 4 PERSONEN)

1 Handvoll getrocknete Steinpilze • 3 Zehen Knoblauch • 3 EL Butter
12–18 Scheiben italienischer Rohschinken • 900 g Rinderfilet im Ganzen
Salz • Pfeffer • 1 Handvoll frischer Rosmarin und Thymian • Saft ½ Zitrone
250 ml Rotwein

Steinpilze in 300 ml kochend heißem Wasser einweichen. Knoblauchzehen schälen und hacken.

•

Backrohr auf 230 °C vorheizen.

•

Schinken auf Papier auslegen (Achtung: Es dürfen keine Lücken entstehen!). Pilze ausdrücken, das Einweichwasser beiseitestellen. Die Pilze mit dem Knoblauch in 1 EL Butter anschwitzen; nach 1 Minute die Hälfte des Pilzwassers hinzugeben und 5 Minuten köcheln lassen.

•

Rinderfilet salzen, pfeffern und in den gewiegten Kräutern wälzen.

•

Die Pilze mit Salz und Pfeffer würzen, den Zitronensaft und 2 EL Butter einrühren. Die Mischung auf der unteren Hälfte des Schinkens verteilen, das Filet darauflegen und vorsichtig einrollen. Das Papier abziehen und die Schinkenränder einschlagen, die Rolle mit Küchengarn zusammenbinden.

•

Das Fleisch in einen Bräter legen und im Backrohr braten (nach ca. 40 Minuten ist es medium). Nach der Hälfte der Bratzeit den Wein zugießen.

•

Dazu passen gedünsteter Blattspinat, Kartoffeln und Blattsalate.

15

ROMAN HAGARA

Hunger wie ein Seebär

2010 wechselte Österreichs erfolgreichster Sommersportler Roman Hagara mit seinem Partner Hans-Peter Steinacher die Bootsklasse. Geändert hat sich für den Doppel-Olympiasieger seither wenig – bis auf die strenge Kontrolle des Körpergewichts.

Red Bull

15

„Nach unserer Goldmedaille musste ich wegen einer verlorenen Wette Bier trinken. Am Ende der Feier war es warm."

Roman Hagara verkörpert den Prototyp eines Seebären. Ein scharfer Blick; wenige, aber mit Bedacht gewählte Worte. Kein Mensch, der einem beim zweiten Aufeinandertreffen um den Hals fallen würde. Aber einer, der sich Gesichter merkt und dem dazu erstaunlich prägnante Details einfallen. Seit einem Selbstversuch des Autors auf Hagaras früherem Arbeitsgerät, dem Tornado, passt die Chemie zwischen uns. Damals, auf Gran Canaria, respektierte er den kläglichen Versuch des sich anbiedernden Journalisten, mit ihm in den Hafen zu steuern. Der Wellengang entsprach dem, was Roman Hagara als lächerlich, unsereins als tsunamigleich bezeichnet. Und der Wind ebenso. Ein Lüfterl für Käpt'n Iglo, ein Sturm für Sandstrandhandtuchausbreiter.

Bemerkenswert zu sehen, wie der 45-Jährige bei der Spritztour vor Las Palmas neben dem Steuern beim Einziehen der Schot half. Anfeuernde Bemerkungen durfte man sich keine erwarten, eher raue Bestandsaufnahme in Form von „Mehr geht nicht?". Man konnte es als Sympathiebekundung werten. Denn diesem Mann, der in den Annalen des heimischen Sommersports nach zwei olympischen Goldmedaillen mit seinem Tornado-Kollegen Hans-Peter Steinacher als Erfolgreichster geführt

ROMAN HAGARA

Geboren am 3. April 1966 in Wien

Wohnort: Winden am See

Familienstand: ledig; Lebensgefährtin Sabine König

Erfolge: Olympiasieger 2000 und 2004, zweimal Weltmeister, sechsmal Europameister

Hobbys: Sport, Fotografie, Kunst, Natur

Motto: „Lebe deine Träume."

www.redbullextremesailing.com

www.hagara-steinacher.at

Red Bull

Red Bull

Red Bull
citylake
citylake
ERSTE

Prozess, Hagara bevorzugt unter anderem einen Kaiserschmarren mit Kompott. Während sich andere Sportler jedoch abends ihr kleines Bier oder ein Glas Wein genehmigen, im Fall des Erfolgs möglicherweise sogar zwei, verzichtet Roman Hagara seit Jahren konsequent auf Alkohol: „Nach unserer Goldmedaille bei den Olympischen Sommerspielen 2000 in Sydney musste ich aufgrund einer verlorenen Wette ein Seiterl Bier trinken. Am Ende der Feier war das warm", grinst Hagara.

Nicht das einzige, was der Burgenländer meidet. „Ich habe einige Spleens, Prinzipien, an denen ich festhalte." Dazu gehöre etwa, dass er kein „rotes Fleisch" (u.a. Rind, Schwein, Wild) auf seinem Teller sehen möchte. Er halte sich lieber an Pasta-Gerichte und Gemüse, daneben vor allem an Fisch (Hecht, Branzino). Doch Fisch, meint Hagara, sei nicht gleich Fisch. So wie er und seine Partnerin Sabine König Bauernmärkte der Umgebung nach Bio-Nahrung abgrasen, lege er auch auf artgerechten Fang Wert. Möglich, dass ihm die Sommerspiele 1992 vor Barcelona als warnendes Beispiel dienten. „Ich bekam tote Delfine zu Gesicht, daran erinnert man sich immer wieder." Es gehöre zu seinem Weltbild, das nicht kritiklos hinzunehmen: „Irgendwann muss sich jeder fragen, ob man sich dem nicht entgegenstellen sollte."

EXTREME

HECHT IM OFEN

ZUTATEN

1 Hecht *(60 bis 70 cm)* • Lauch • Sellerie • Karotten
(evtl. zusätzlich auch Kohl, Kohlrabi, Bohnen)• Petersilie
3 Kartoffeln • 1 große Zwiebel • 2 Zehen Knoblauch • Salz • Pfeffer

Das Backrohr auf etwa 200 °C vorheizen

•

Kartoffeln in Salzwasser kochen lassen, schälen. Die Zwiebel und die Knoblauchzehen schälen und hacken, das Suppengrün und das Gemüse würfeln und auf dem Boden einer feuerfesten Form verteilen.

•

Den Hecht außen und innen würzen, auf das Gemüse legen und im vorgeheizten Backrohr etwa 10–15 Minuten braten. Sobald die Kartoffeln braun werden, mit etwas Wasser aufgießen (Sauce !). Das Backrohr auf etwa 160 bis 180 °C herunterschalten und ca. 15–20 Minuten weiterbacken. Ab und zu mit Wasser aufgießen, das Gemüse dabei wenden. Fisch „steht", muss daher nicht gewendet werden.

•

Nach etwa 45 Minuten Garzeit ist der Fisch fertig. Vor dem Servieren würzen und mit Petersilie garnieren.

REGISTER

VORSPEISEN & BEILAGEN

GEMÜSEGERICHTE & VEGETARISCHES

FISCH

FLEISCH

MEHLSPEISEN

Silvia Maritsch-Rager
NEUES AUS DER
Gemüseküche
100 vegetarische Rezepte
pichler verlag

Christoph Wagner
BRATEN
KÜCHE
150 feine Rezepte
von Geflügel bis Wild
pichler verlag